조선의 국정농단자들
간신의 민낯

조선의 국정농단자들

간신의 민낯

지은이 이정근

발행일 2017년 4월 19일

펴낸이 양근모

발행처 도서출판 청년정신 ◆ **등록** 1997년 12월 26일 제 10—1531호

주 소 경기도 파주시 문발로 115, 세종출판벤처타운 408호

전 화 031)955—4923 ◆ **팩스** 031)955—4928

이메일 pricker@empas.com

조선의 국정농단자들

간신의 민낯

이정근 지음

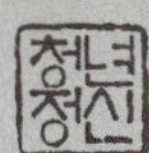

흔히 한 시대를 농락했던 악인을 간신이라 일컫는다. 하지만 간신은 육사신六邪臣의 하위개념이다. 사특한 육사신에는 아무 구실도 하지 못하고 머릿수만 채우는 구신具臣, 참소를 일삼는 참신讒臣, 아첨하는 유신諛臣, 간사한 간신奸臣, 반역한 적신賊臣, 나라를 망하게 한 망국신亡國臣이 있다.

육사신 중에서 가장 질이 좋지 않은 부류가 참신과 간신이다. 역신과 망국신은 크게 한 탕 찍고 역사의 뒤안길로 사라지지만 참신과 간신은 최고 통치권자의 총명을 흐리게 하며, 쉽게 자신의 정체를 드러내지 않는다. 때문에 이들은 충신이라 쓰고 간신이라 읽는다.

난세亂世에 영웅이 난다는 말이 있다. 틀린 말은 아니다. 하지만 더 정확히 말하면 난세에 간신奸臣이 난다. 난세는 질서가 무너진 혼란의 시대다. 혼란은 간신들이 성세하는 좋은 토양이다. 간신은 혼란을 먹고 살기 때문이다.

하지만 간신은 생전에 징치되지 않았다면 사후에라도 반드시 처벌을 받는다. 부관참시다. 또 그것마저 피해가더라도 역사의 심판에서는 벗어나지 못한다.

우리는 성삼문을 간신이라 하지 않는다. 하지만 당시에는 역적이었다. 역적 혐의를 받고 거열형에 처해져 숭례문 앞에 효수되었다. 지나는 사람들이 역적이라 손가락질하고 침을 뱉었다. 그가 신원이 되기까지는 235년이 걸렸다.

이것이 역사다. 역사는 영원불변의 진리가 아니다. 모난돌이 억겁의 세월을 통하여 조약돌이 되듯이 역사도 변한다.

나라에서 부여한 힘을 권력이라 생각하면 오만해지고, 권한이라 생각하면 겸손해진다. 나라에서 부여한 권한을 일신의 영달과 사리사욕을 위해 쓰면 소인배가 된다. 권력에 눈이 어두운 모리배는 국가 발전을 저해하고 인재를 희생시키며 자기 자신마저 파멸시킨다.

역사는 미래의 거울이다. 조선 500년사를 관통하면서 수많은 인물이 명멸했다. 그 중에서 나라의 발전을 저해시키고 역사 발전을 퇴행시킨 인물의 흔적을 쫓으며 우리의 미래를 살펴보고자 한다. 이 책을 쓴 이유다.

2017. 4. 3.

수락산 마전재에서

이정근 쓰다.

유자광

임사홍

신무삼간

윤원형

이이첨

김자점

홍국영

조말생 趙末生(1370~1447)

고려 공민왕 때 태어나 태조, 정종, 태종시대를 거쳐 세종 29년에 사망했다.
양주楊州 조씨趙氏. 서운관정을 지낸 조의와
양주 신씨 어머니 사이에서 4남으로 태어났다.
조부는 보승별장을 지낸 조인필이며 증조부는 호장을 지낸 조잠이다.
형 조계생은 좌참찬, 형 조유증은 강화부사를 지냈고 설우는 승려다.
동생 조종생은 전주부윤을 지냈다.
장남 조선은 태종의 서녀 정정옹주에게 장가들어
왕실과 혼연婚緣을 맺었다.
정몽주의 제자 조용의 문인으로 태종 1년 중광문과에 급제하여 출사한 후,
감찰, 정언, 헌납 등 청요직淸要職을 두루 거쳤다.
동시대를 살았던 인물로
정도전, 무학대사, 황희, 맹사성 등이 있다.

한강을 굽어보는 곳에 잠들어 있는 조말생. 경기도 남양주 소재.

아버지의 악역으로
탄탄대로를 걸은 세종

세종의 아버지 태종 이방원은 세자 양녕대군을 폐하고 충녕대군 (세종)을 세자로 삼으면서 많은 고민을 했다. 천성은 성군聖君 재목인데 심약한 것이 마음에 걸렸다. 독하게 마음먹은 이방원은 민무구, 민무 질 등 자신의 처가를 박살낸 다음 사돈 심온을 사사시켰다. 세종은 제 위 32년 동안 아버지가 깔아놓은 탄탄대로를 거침없이 달렸다.

1426년(세종 8) 3월 4일. 사헌부에서 보고가 올라왔다.

"제 힘으로는 송사에서 이길 수가 없다고 생각한 김도련이 힘 있는 사람에게 뇌물을 바치고 승소 판결을 받아냈습니다."

"이것은 작은 일이 아니다. 소상히 조사하여 보고하라."

법치를 내세우던 세종은 보고를 받고 충격을 받았다.

사건의 발단은 시간을 거슬러 올라간다. 철원 호장 김생은 간성 호 장 딸에게 장가들어 아들 김송과 김진의를 낳고 함흥 홍원으로 이주 한 뒤 장사를 통해 부를 쌓았다. 그는 가솔과 노비를 합해 426명이나 될 정도로 함흥 일대에서 잘나가는 신흥 토호로 이름을 날렸다. 당시 부의 척도는 토지와 노비 숫자다. 토지는 물론 노비도 사고팔 수 있는 재산이기 때문이다.

김도련의 아버지 김원룡은 장사를 위해 함흥 홍원을 방문할 때면 김생의 집에 묵었다. 이로부터 서로 호형호제呼兄呼弟할 정도로 절친이 되었다. 김원룡은 사이가 가까워질수록 자수성가하여 거하게 살고 있 는 김생이 부러웠고 또한 그의 재산이 탐났다.

김원룡은 김생의 아들 김송의 이름에서 허점을 찾아내 김송이 도망한 종 허송의 소생이라고 문천 관아에 거짓 고발해 천인으로 만들어버리고 재산과 노비를 손에 넣었다. 이때 김원룡의 뒤를 봐준 사람이 당대의 세력가 임견미다.

여말선초麗末鮮初, 고려가 망하고 조선이 건국되었던 시기. 사회 혼란을 틈타 권력을 이용해 양민을 천민으로 만들어 버리고 만만한 자를 무함誣陷하여 노비를 빼앗는 일이 비일비재했다. 노비는 노비들 대로 도망하여 양인 행세를 했다.

이에 조정에서는 변정도감을 설치하고 노비 송사만 전담하게 했다. 이때 노비로 전락한 김송이 억울하다고 소를 제기해 김원룡의 아들 김도련과 송사가 벌어진 것이다. 아버지 대에 이은 2회전이다. 수세에 몰린 김도련은 재물을 지키려고 뇌물을 뿌린 것이다. 정밀 조사를 마친 사헌부가 보고 했다.

"병조판서 조말생에게 36명, 평성부원군 조견에게 17명, 선천군사 윤간에게 14명, 변귀생에게 12명, 전 사정 신득지에게 8명, 참의 조숭덕에게 8명, 우의정을 지낸 정탁에게 7명, 곡산부원군 연사종에게 7명, 현 우의정 조연에게 6명, 총제 이흥발에게 4명, 안산군사 김이공에게 3명, 정주목사 남궁계에게 2명의 뇌물을 바치고 법을 굽혔습니다."

조선 팔도가 썩은내로 진동하는 것 같았다. 어찌 이럴 수가 있단 말인가? 세종은 더욱 조말생에 대한 실망이 컸다. 그 누구보다도 가까이 두고 총애하는 신하가 아닌가. 믿는 도끼에 발등을 찍힌 심정이었다.

예나 지금이나
법꾸라지는 기생한다

590년이 흐른 2016년, '정운호 게이트'가 터졌다. 해외 원정도박 사건에서 비롯된 폭행사건이 전관 비리, 횡령, 탈세, 군납 비리, 면세점 비리로 일파만파 번졌다. 한마디로 종합 비리 세트다. 마당발 정운호의 마당극은 여기서 그치지 않았다.

구치소에 수감된 정운호가 면회를 간 최유정 변호사의 손목을 비틀었고, 최 변호사가 정운호를 폭행 혐의로 고소하면서 묻힐 뻔한 사건이 양지로 드러났다. 최 변호사가 고소하지 않았으면 어땠을까? 우리는 서초동에서 공연되고 있는 법조 막장드라마를 구경하지 못했을 것이다. 물^(水)은 높은 데서 낮은 곳으로 흘러가는^(去) 규칙이 있지만 음지를 지향하기 때문이다.

재물은 근본적으로 무도덕^{無道德}하다. 욕망은 본질적으로 영원히 충족될 수 없다. 물신이 강림하면 잘나가던 사람들도 한 방에 간다. 그것이 물신의 괴력이다. 천민 물신주의가 무한질주하면서 빚어낸 시대의 풍속화다.

최유정 변호사가 받은 수임료 100억 원은 서초동 법률가들의 입에서도 '억' 소리 나는 큰돈이며 소시민들에게 '헉' 소리 나는 천문학적인 금액이다. 홍만표 변호사의 오피스텔 110여 채 소유설은 서민들의 입에서 '헐' 소리가 나오게 하며 고시원을 전전하는 청춘들을 절망케 한다.

남대문 시장에서 잔뼈가 굵은 정운호는 자연주의 화장품을 출시하면서 돈방석에 앉았다. 100억 원대 해외 원정도박 혐의로 입건된 그는 과거 300억 원대 도박 혐의로 수사를 받았지만 두 번 모두 무혐의 처분을 받았다. 전錢의 위력이다. 유전무죄 무전유죄라는 말이 괜히 나온 말이 아니다. 돈이면 다 된다고 생각하는 졸부와 법을 요리할 줄 아는 전관들이 벌인 블랙 코미디다.

모두가 내 탓,
세종의 탄식

"옛말에 정권을 오래 잡고 있으면 안 된다는 말이 있는데, 이제 생각하니 이해가 간다. 조말생과는 지신사부터 병판까지 10여 년간 을 함께 했는데 오늘과 같은 사건이 발생하고 말았다. 모두가 내 탓 이다."

세종은 탄식했다. '내가 이러려고 조말생을 가까이 두었나?' 하는 자괴감이 들 정도였다. 조말생이 누구인가? 현직 병조판서다. 선왕 때 부터 총애를 받은 구신舊臣이다. 오늘날 대통령 비서실장으로 표현되 는 지신사로 가까이 두었고, 영상 자리에 점찍어 놓은 신하다. 헌데, 그가 부정부패에 연루되었고 비리의 뒷배라니 믿어지지 않았다.

"조연은 황해도 수안에 부처하고, 연사종은 강원도 인제에 부처하 고, 조말생은 직첩을 빼앗고 충청도 회인에 부처하라."

솜방망이 처벌에 조정이 들끓었다. 사헌부에서 상소가 올라왔다.

"조말생은 임금의 은혜를 입어 관위가 재상에 이르고, 오랫동안 정 권을 잡고 있어서 부귀가 극에 달했습니다. 재물을 탐하는 데는 끝이

세종이 신하들과 함께 정무를 논의했던 편전인 경복궁 천추전

없고 매관매직하여 토지를 많이 소유하고 있습니다. 양민을 억압하여 천인을 만드는 등 못하는 일이 없었으니 선비의 기풍을 더럽힘이 이보다 심한 것이 없습니다. 그가 법을 굽혀서 받은 토지와 노비를 장물로 계산하면 합계 780관이나 되는데, 형률에 의거하면 교형에 해당되고 장물은 몰수해야 될 것입니다."

당시 대명률에 의하면 뇌물이 은 80관 이상이면 교수형에 처하게 되어 있었다.

"여러 대신과 의논하여 처리하겠다."

세종은 장고에 들어갔다. 덮어두자니 벌떼 같은 간원들의 목소리가 불을 보듯 뻔했고 버리자니 아까운 인물이었다. 하명이 없자 사헌부 집의 정연이 상소장을 들이밀었다.

"조말생은 오랫동안 권좌에 있으면서 송사를 판결하는 관리를 마음대로 움직여 법의 권위를 무너뜨렸으니 그의 죄는 용서할 수 없습니다. 하온데 전하께서는 형률로 처단하지 않으시고 지방으로 귀양만 보내시니 이는 국법에 어긋납니다. 바라옵건대 전하께서는 형률에 의거하여 죄를 다루시어 뒷사람의 전범이 되게 하소서."

비답이 없자 우사간 박안신이 나섰다.

"조말생은 선비의 기풍을 더럽혔으니 용서할 수 없습니다. 그가 취한 장물이 거의 800관에 이르니 죽어도 죄가 남을 것입니다. 바라옵건대 형률에 의해 단죄하시고 선비의 기풍을 바로 잡아 뒷사람을 경계하소서."

궁지에 몰린 세종이 비답을 내놨다.

"조회하는 날에 친히 보고 설명하겠노라."

공功은 공이고
과過는 과다

어전회의에 대사헌 권도, 장령 이안경, 서성, 지평 정갑손이 입시했다.

"조말생의 죄는 장물이 780관이나 되므로 이것은 80관의 수십 배나 되니, 이를 다스리지 않는다면 뒷사람을 무엇으로 징계하겠습니까. 삼가 바라옵건대 형률에 의거하여 뒷사람에게 법의 지엄함을 보여 주소서."

"경들이 법에 의거하여 아뢰니 내가 어찌 감히 그르다고 하겠는가. 그러나 조말생은 태종 때로부터 그 직책을 수행한 지가 20여 년이 되었으니 어찌 공로가 없다고 하겠는가?"

공功과 과過를 가르자는 것이다. 하지만 신하들도 물러서지 않았다. 대사헌 권도가 작심하고 나섰다.

"다른 신하라고 하여 어찌 그 정도의 공이 없겠습니까. 그런데도 그의 죄를 청하는 것은 뒷사람에게 탐오를 경계하기 위한 것이오니 청컨대 형률 조문에 의거하여 법대로 처리하소서."

"탁월한 공이 있었다면 어찌 먼 지방으로 귀양을 보냈겠는가. 나는 그를 죽이면 지나치고 귀양을 보내면 중도를 얻게 되는 것이라 생각했던 것이다."

스물두 살에 왕이 된 세종은 풍채가 좋았다. 세자라면 제왕 수업을 받느라 살이 찔 겨를이 없었을 테지만 왕자는 상대적으로 놀고 즐기는 데 자유로웠다. 형 양녕대군을 폐한 아버지 태종 이방원에 의해 전격 기용된 세종은 세자 수업을 받을 시간도 없이 왕이 되었다. 움직이는 것을 싫어하는 성품도 한몫을 했지만 세종은 체질적으로 비만이었다. 이러한 세종이 조말생 사건을 처리하면서 살이 쭉 빠졌다. 미증유의 국정농단 사태를 맞아 특검이 코피를 쏟고 헌재 재판관들의 체중이 줄었다는 말이 괜한 엄살이 아닌 것이다.

"차마 죽이지 못하신다면 옛날의 제도에 의거하여 사사하소서."

대사헌도 물러서지 않았다. 하지만 왕조시대, 임금은 갑이고 신하는 을이다. 1년 후, 유배를 풀어준 세종은 조말생을 가까이 두고 중용했다. "법대로 하라."고 삼사三司가 들고일어났지만 세종은 외면했다. 사헌부와 사간원의 협공을 받아 교형과 사사賜死의 대상으로 내몰렸던 조말생은 78세까지 천수를 누렸다.

　재물을 앞세워 법을 유린한 김도련 역시 노비 132명만 압수당했을 뿐, 다른 처벌을 받지 않았다. 또한 김생의 후손들은 신분을 회복하지 못하고 계속 노비로 살다 세상을 떠났다. 그들이 영어를 알았다면 아마도 죽어갈 때 헬Hell 조선이라 불렀을 것이다.

한명회

한명회 韓明澮 (1415~1487)

태종 15년에 태어나
세종, 문종, 단종, 세조, 예종 시대를 지나 성종 18년에 사망.
청주淸州 한씨. 아버지는 한기, 중추원사 민대생의 딸과 혼인하여
1남 4녀를 두었다.
이 중 셋째 딸이 예종비 장순왕후, 넷째 딸이 성종비 공혜왕후이다.
동시대를 살았던 인물로
세종대왕, 수양대군, 성삼문, 박팽년 등의 사육신, 김시습 등
생육신, 정인지, 신숙주, 유자광이 있다.

천하의 명당이라는
개성

송악산은 개성의 상징이다. 신령한 산이라 하여 신숭神崇이라 불리는 송악산은 백두산에 맞닿아 있다. 백두대간을 따라 내려오던 백두산의 정기가 마식령산맥을 넘으며 성거산과 정분을 나누다 천마산을 낳고 오관산을 품어 송악을 낳으니 이곳이 개성이다.

한 마리의 학이 날개를 펴서 좌청룡 부흥산과 우백호 용수산을 감싸안고 자남산을 바라보며 오천烏川과 백천白川을 얻었으니 장풍득수藏風得水 형국이다. 장풍득수란 물을 얻어 바람을 잘 갈무리한다는 뜻이니 천하의 명당이다.

이렇게 좋은 터에 자리 잡은 고려가 망국의 길을 피하지 못했으니 지력의 쇠함일까, 풍수지리설의 낭설일까?

그에 아랑곳하지 않고 한명회는 오늘도 경덕궁을 지키고 있다. 궁지기라고 하면 산지기처럼 하인 비슷하게 오해할 수 있으나 엄연한 정9품직 관료다. 오늘날의 9급 공무원, 그것도 지방직 공무원이 아니라 중앙 공무원이다.

헌데, 한명회는 시험에 합격하여 임용된 게 아니었다. 조상을 잘 만나 낙하산을 타고 내려온 것이다. 국가유공자에게 부여하는 특혜 수혜자다. 당시에는 음직陰職 또는 음보蔭補라 불렸으며, 세인들로부터 "과거도 붙지 못하는 놈이 조상은 잘 만나서…."라는 조롱의 대상이었다. 금수저는 아니지만 그렇다고 흙수저도 아니다,

그의 할아버지 한상질은 기회를 포착하는 데 있어 귀재라고 할 수 있었다. 고려말 우왕 6년에 문과에 급제한 그는 정당문학을 거쳐 공

민왕 때 형조판서를 역임했다. 이성계가 고려를 뒤엎고 조선을 개국하자 고려 조정에 봉직했던 관료들은 두 패로 갈렸다. "절대로 도울 수 없다."는 절의파와 "새 나라의 새 일꾼이 되자."는 실리파였다.

"인삼밭에 인삼을 또 심으면 왜 안 되는지 알아?"

"그거야 지력이 다 고갈되어서지."

"나라도 마찬가지야, 고려의 명운이 다되었으니까 망한 거야. 그러니 새 나라의 새 사람으로 살아야지."

"그거야 땅이나 그런 거고. 나라는 다르지."

"다르긴 뭐가 달라. 만물의 이치야."

개성은 인삼의 본고장이다. 지금이야 지리적 이점의 수혜지로 강화에서 인삼을 재배하고 토질과 기후에 따라 풍기와 금산에서 대량 재배하고 있지만 명실공이 인삼 본포는 개성이다. 농사를 짓지 않은 사람이라도 인삼을 캐낸 인삼밭에 다시 인삼을 심으면 농사를 망친다는 것을 잘 알고 있었다.

강직함을 내세웠던 사람들은 두문동으로 들어갔고 '새 술은 새 부대'를 내세웠던 사람들은 이성계 휘하로 들어갔다. 훗날 두문동에 들어갔던 고려 유신들은 불태워지는 학살을 당했다. 두문불출杜門不出이라는 말이 생겨난 유래다. 한상질은 이성계에게 붙었다.

나라의 이름을 받아오라

조선을 개국한 이성계에게 대명외교는 산이었다. 넘사벽이 따로 사신길이 죽음의 길이 될 수 있다. 압록강을 건널 때 '또다시 압록강을 건너올 수 있을까?' 곰곰이 생각해보았으나 자신이 없었다. 한상질을 억류해놓고 정도전을 압송하라면 조선은 코가 꿰인다. 끄는 대로 끌려갈 수밖에 없다.

사행길은 번민의 길이었다. 북경까지도 먼 길이건만 당시 중국의 수도는 금릉(남경)이었다. 개성에서 금릉까지 8천 리 길. 왕복 1만 6천 리다. 다녀오는 데 장장 6개월이 걸리는 머나먼 길이다.

그의 품에는 두 장의 외교문서가 있었다. 어느 것을 먼저 내놓아야 외교 목적을 달성할 수 있을까? 그의 지략에 조선의 명운이 걸려 있고 그의 운명이 걸려 있었다. 금릉에 도착한 한상질은 주원장을 알현하고 '화령和寧'이라는 글자가 새겨진 외교문서를 내놓았다.

"무슨 뜻이냐?"

"아방의 유래 깊은 지역 명칭이고 이성계 장군의 출생지입니다."

"골목대장이나 하려고 역성혁명을 했더란 말이냐?"

주원장의 목소리가 호랑이의 포효와도 같았다. 이민족 원나라를 중원에서 몰아내고 대륙의 패권을 거머쥔 자신의 눈으로 볼 때 너무 시시하다는 것이다. 머뭇거리던 한상질이 또 한 장의 문서를 꺼냈다. 거기에는 조선朝鮮이라는 글자가 선명했다.

"뜻을 설명하라."

"해 뜨는 아침처럼 맑고 조용한 나라라는 뜻이옵니다."

"고것 참 고상하고 아름답구나. 고럼, 고럼. 동방이 조용해야 짐의 마음이 편안하지."

주원장은 홍건적 출신답게 세련된 언어는 구사하지 못했다.

"황은이 망극하옵니다."

"좋다. 조선으로 하라."

"황제 폐하! 만수무강하소서!! 그리고 북방 오랑캐를 몰아내고 소원을 성취하소서."

한상질은 넙죽 엎드려 4배를 올렸다.

명나라를 개국한 주원장은 아직 원나라 잔당과 북방에서 전투 중이다. 원나라는 고려가 모셨던 나라다. 한상질은 그 고려의 관료였다. 조선도 한때 친명과 친원파로 갈려 중심을 잡지 못한 때가 있었다. 물러나는 한상질을 바라보며 예부상서와 병부상서가 중얼거렸다.

"미꾸라지 같구먼."

"아냐, 장어야. 기름 바른 장어."

그들은 조선에서 사신이 오면 연금해 두고 조선의 버르장머리를 고치자는 명나라 조정의 매파였다. 하지만 천하의 주원장에게 기쁨을 주고, 받고 싶은 것을 받아내는 한상질의 수완에 혀를 내둘렀다.

조선이라는 국호國號를 받아든 한상질은 뛸 듯이 기뻤다. 저승 문턱에서 살아 돌아온 느낌이었다. '조선'과 '화령'을 생각해낸 것은 정도전의 아이디어다. 하지만 어떤 것을 먼저 내미느냐는 철저하게 한상질의 재량이었다.

"패는 둘이다. 둘 다 50%의 확률이다. 그렇다면 선택하는 사람에게 기쁨을 주어야 한다. 특히 가방끈이 짧은 사람은 자기가 결정한다는 데 쾌감을 느낀다."

그는 한양에서 남경까지 가는 동안 어떤 것을 먼저 내놓느냐로 고민에 고민을 거듭했다. 한상질의 잔머리는 적중했다. 주원장이 뽑는 재미에 '조선'을 덜컥 물어버린 것이다. 한양으로 돌아온 그는 공을 인정받아 출세가도를 달려 예문관 대제학에 올랐다.

대학연의를
공부한 궁지기

자남산 아래 경덕궁. 추동궁이라 불리는 한명회의 직장이다. 직장이라 해도 직원 한 명과 단둘이 근무하는 외직이다. 개성의 실력자 민제가 '장군의 아들' 이방원을 사위로 맞아들일 때 대궐같이 큰 99칸 집을 지어줬다. 일종의 '보험'이다. 당시 이방원은 정도전에게 밀려나 세월을 낚고 있을 때였다.

이방원이 왕자의 난을 일으켜 태종으로 등극하고 한양으로 수도를 옮기자 관원을 두어 관리했다. 오늘날의 말로 표현하면 대통령의 사저 관리인이다. 그렇다고 버려진 집은 아니었다. 태종과 세종, 그의 아들 문종이 이성계의 부인 신의왕후가 잠들어 있는 후릉과 조선 2대 임금 정종을 모신 제릉을 참배하거나 관서 지방을 시찰할 때면 묵어 가는 행궁이다.

경덕궁 앞에는 부조현^{不朝峴}이 있다. 자존심 강한 개성 사람들이 조선에 머리를 조아리지 않는다는 의지의 표현으로 명명한 언덕이다. 그 북쪽으로 괘관현^{掛冠峴}이 있다. 고려의 유신^{遺臣}들이 조선 조정이 주는 녹을 받아먹을 수 없다는 저항의 표시로 갓을 벗어 나뭇가지에 걸어 놓고 사라져 버렸다고 해서 붙여진 고개 이름이다.

경덕궁은 한양에서 평양, 의주를 거쳐 중국으로 가는 길목에 있다. 한반도의 허리가 두 동강이 나서 섬이 되어버린 지금이야 서울에서 부산이 축을 이루고 있지만 당시에는 조선의 엘리트와 장사꾼들이 주로 이용하는 길이 바로 의주대로였다. 이렇게 번잡한 길이다 보니 쏠쏠한 정보가 한명회의 안테나에 잡혔다.

자신이 몸담고 있는 관료사회의 첩보와 자신도 잘 모르는 군 관계 정보, 백성들의 민심 동향, 왕실의 동정, 심지어 수양대군도 모르는 안평대군에 대한 특급 정보와 백두산 호랑이 김종서 장군의 정보까지 한명회의 레이더에 걸려들었다. 그 뿐만이 아니었다. 대륙에서 각축을 벌이고 있는 원나라와 명나라, 그리고 남해 건너 일본 정보까지 망라되었다.

정보라고 해서 다 정보가 아니다. 생선에도 선도가 있듯이 정보에도 선도鮮度가 중요하다. 이미 공개된 정보는 정보로서의 가치를 상실한다. 순도純度도 마찬가지다. 아무리 싱싱한 정보라 해도 신뢰성에 문제가 있으면 정보로서의 가치가 없다. 한명회가 공을 들여서일까? 접수되는 정보들은 선도도 좋았고 순도도 수준급이었다.

개성에는 '송도계'라는 것이 있었다. 개성에 근무하는 관원들의 친목 모임이다. 조선팔도에 크고 작은 계가 있었는데, 그 중 막강한 힘을 발휘하는 곳이 동래계, 강경계, 의주계가 있으며 주로 상업이 발달한 곳이 성했다. 관료와 상업은 실과 바늘 같은 관계로, 가장 잘나가는 계가 송도계松都契였다. 어느 날 한명회는 송도계원이 되고자 계회에 나갔다. 선배들의 질문 공세가 까칠했다.

"어디에 근무하시우?"

"경덕궁입니다."

"급제하고 왔수?"

"아닙니다. 음보로 왔습니다."

"조상 덕을 봤구먼, 기왕 나오려면 금수저를 물고 나올 일이지 겨우 똥수저가 뭐유?"

"감읍하고 있습니다."

한명회는 몸을 낮추었다.

“어디까지 공부했수?”

“대학연의입니다.”

“당신이 왕이라도 되우?”

“왕을 가르치려면 그 정도는 공부해야 한다고 생각했습니다.”

“왕을 가르치시겠다?”

“네.”

“푸줏간의 소가 웃겠소.”

“하하하….”

조롱 섞인 웃음소리가 질펀하게 퍼져 나갔다.

“왕으로 태어나지 못했으면 왕이라도 가르쳐야 하지 않겠습니까.”

“왕사王師 말이우?”

“아닙니다. 단순히 지식을 주입하는 스승이 아니라 왕도王道를 개척하는 지혜를 가르쳐 주고 싶습니다.”

한명회는 과거에 급제하여 출사하면 녹이나 받아먹으며 주어진 일이나 처리하는 관료로 사느니보다 ‘왕의 길’을 안내하는 길잡이가 되고 싶었다.

“에이, 여보슈, 왕을 가르치겠다는 신소리 말고 먼저 과거나 붙어 보슈.”

계원들의 비아냥이 봇물을 이루었다. 결국 한명회는 송도계 가입을 포기하고 말았다. 그 후, 한명회가 수양대군의 총애를 받으며 잘나가자 송도계원들은 땅을 치며 후회했다. 이 일로 인해 잘 알지도 못하면서 남을 멸시하는 소인배를 일컬어 ‘송도계원’이라는 말이 인구人口에 회자膾炙되었다.

“내가 이러려고 공부했나?”

한명회는 자괴감이 들었다. 제왕학帝王學 교과서라는 〈대학연의大學

衍義〉까지 공부했다. 보통의 수험생들은 경서와 춘추에서 끝나지만 그는 웅대한 포부를 펼치기 위해 어려운 공부까지 한 것이다.

가자, 한양으로.
큰 고기는 큰물에 놀아야

때는 만물이 소생하는 춘삼월. 자남산에 아지랑이가 아른거리고 경덕궁 처마로 쏟아지는 햇볕이 따스하다. 남녘 하늘을 바라보았다. 한양이 성큼 달려오는 것 같았다.

"도전은 나의 힘이다."

그렇다. 한명회는 줄기차게 도전했다. 그런데 과거시험만 보면 번번이 낙방했다. 오죽하면 부인으로부터 "떨어지려고 시험을 보느냐?"라는 핀잔까지 들었다.

"꿈은 깨지기 위해 있는 것이 아니라 이루어지기 위해 있는 것이다."

그는 마음을 다잡았다.

"망아지는 제주도로 보내고 사람은 한양으로 보내라 했겠다. 그래, 가자. 한양으로….”

한명회는 무작정 상경길에 올랐다. 한양에 이르는 관서대로는 사람들로 북적였다. 명을 받아 한양으로 가는 관리, 임지로 떠나는 신임 관리, 신도시로 일거리를 찾아 떠나는 품팔이꾼, 평양과 의주를 오가는 부보상들, 개성에 있는 처자식을 보고 귀임하는 관리들. 말 그대로 관서대로는 저잣거리 못지않게 사람들로 북적였다.

임진강을 건너고 홍제원에 이르니 해가 떨어져 뉘엿뉘엿 땅거미가 내리고 있었다. 지금이야 무악재는 고개도 아니지만 당시는 인왕산 호랑이가 출몰하는 무서운 고개였다. 나라에서는 백성들을 보호한다는 명분으로 해가 떨어지면 사람들의 통행을 제한했다.

홍제동 사천변에 있는 봉놋방에서 하룻밤을 묵은 한명회는 돈의문을 통과하여 한양에 입성했다. 허나, 한양에서 한명회를 반겨주는 사람은 아무도 없었다. 일곱 달만에 어머니의 몸으로부터 탈출한 한명회는 부모로부터 사람노릇을 못할 것이라며 버려져 늙은 여종의 보살핌으로 겨우 목숨을 부지해야 했다. 그것도 복이라고 일찍이 부모를 여읜 한명회는 종조從祖 한상덕에 맡겨져 성장했다. 그러니 일가친척이 없을 수밖에.

황토현을 지나 운종가에 진입하니 신도시답게 가가假家들이 즐비했다. 하지만 도성都城은 도성이로되 아직 정비되지 않은 도읍지였다. 의금부 앞에 이르자 광장엔 전옥서에서 사형수를 끌어내 형을 집행하고 있었다. 사람이 사람을 죽이는 일, 그것도 구경이라고 사람들이 몰려들어 웅성거리고 있었다.

"사람이 사람을 죽이는 게 무슨 굿이라고…."

혼잣말을 중얼거리던 한명회는 광장을 벗어나 피맛골로 접어들었다. 생생한 한양 소식을 들어보기 위해서다. 예전엔 썰렁한 골목이었는데, 태종이 세종에게 양위하고 수강궁(창덕궁)에 거처하게 되면서부터 번성하기 시작했다.

아버지를 두고 왕위에 오른 세종은 경복궁에 있다. 아들에게 선위하고 상왕으로 물러난 태종은 창덕궁에 있다. 의정부를 비롯한 육조거리에 있는 관료들은 어쩌란 말인가? 그들의 발바닥에 불이 붙을 수밖에 없다.

경복궁에서 창덕궁으로 가는 길은 송현 고개가 지름길이다. 오늘날의 한국일보 앞길이다. 하지만 소나무가 빽빽한 산길은 전령들에겐 긴요한 통로이지만 거들먹거리기 좋아하는 사대부들이 다니기엔 부적절한 길이다. 누가 부적절하다 하느냐 하면? 그들이 그렇게 생각한다. 그래서 그들은 그 길을 이용하지 않았다.

"물렀거라."

임금의 어가御駕나 왕비의 가교駕轎가 지나가면 백성들은 길 한켠에 물러나 머리를 조아리는 것을 당연한 것으로 생각했다. 정승 판서의 교자轎子까지도 마음의 준비가 돼 있었다. 허나, 세도가에게 바리바리 뇌물을 가져다 바치고 벼슬을 얻은 자일 경우라면 배알이 뒤틀린다.

당하관 주제에 무슨 정승이나 된 것처럼 거들먹거리며 지나가는 꼴은 눈뜨고 못 보아줄 지경이었다. 그 중에서도 참하관參下官들의 견마잡이가 서민들을 향하여 눈알을 부라리거나 채찍을 날릴 때는 눈알이 튀어나온다. 그 꼴을 보기 싫어서라도 피맛골은 서민들로 메워졌다. 피맛골은 반골反骨들의 골목이었다.

정승 판서가 운종가에 뜨면 백성들은 땅바닥에 머리를 박아야 했다. 행차하는 사람보다 지위가 낮은 관료들도 말에서 내려 머리를 조아려야 했다. 시도 때도 없이 외쳐대는 견마잡이들의 고함소리에 배알이 뒤틀린 백성들이 아예 대로를 버리고 골목길로 스며들었으니 그것이 피마避馬다.

인왕산을 붉게 물들이던 태양이 아직 꼬리를 감추지 않은 시각, 사람들이 하나 둘씩 모여들었다. 서로 연통도 하지 않고 약조도 없었지만 땅거미가 내려앉는 이맘때면 어김없이 모여 들었다. 그곳에 가면 알아주는 사람이 있고, 아는 사람이 있었다. 하지만 피맛골에 가면 더 중요한 것이 있다. 정보다. 피맛골은 소문의 바다였다.

"수양대군이 한 방 먹었다며?"

"누구한테?"

"누군 누구야, 안평대군이지."

"안평대군이 어떻게?"

"연경에 다녀온 형이 의주로 마중을 나오라는데 가지 않았다더군."

"가려고 했는데 말에서 떨어져 허리를 다쳤다잖아."

"낙마는 무슨 얼어 죽을 낙마. 기집하고 그 짓을 과하게 하면 허리 부러지는 거 자네는 모르나?"

"소향이란 그 기생이 명기라며?"

"명기名器인지 명품인지 써보지 못해 모르겠지만 좋긴 좋나보더라고."

"그걸 자네가 어떻게 알어?"

"멀쩡하던 안평대군 허리를 잡았잖아."

"잡아? 잡을 게 따로 있지."

"하하하….."

한쪽 귀퉁이를 차지한 일단의 무리가 입방아를 찧어대고 있었다. 피맛골에는 고만고만한 '먹자'집이 즐비했다. 운종가 헛집(假家) 뒤로 어깨를 부딪치며 빽빽이 들어서 있었다. 쩍 벌어진 색주가나 기방은 아니었다. 객주는 더더욱 아니었다. 그렇다고 봉놋방이 있는 주막도 아니었다. 널판자로 만들어진 긴 탁자에 중노미 하나 둘 있는 술청이었다.

이름도 각양각색이었다. 곰보집과 쌍과부집이 있는가 하면 마당에 감나무가 있다 하여 감나무집이 있었고 문밖에 은행나무가 있다 하여 은행나무집도 있었다. 주인 택호宅號를 따 남포집과 진주집이 있는가 하면 안성집과 원주집이 있었다. 이 모든 이름은 술청을 운영하는 주모나 주파^{酒婆}가 지은 것이 아니다. 드나드는 손님들이 부르다 보면 옥호^{屋號}가 되었다.

먹거리도 한두 가지가 아니었다. 허기진 배를 채워주는 국밥집이 있는가 하면 육포와 어포를 내는 마른안주 집이 있었고 가마솥에서 김이 모락모락 나는 수육과 전을 내는 진안주집이 있었다. 또한 꿩고기만을 내놓는 꿩집이 있는가 하면 토끼집도 있었고 참새집도 있었다.

하지만 뭐니 뭐니 해도 안주의 으뜸은 올라갈 수 없는 자리에 앉아있는 사람이다. 먹지는 못하지만 씹을수록 맛이 있기 때문이다. 국초에는 이성계가 단골이었고 두문동 72현은 흠모의 대상이었다.

먹고도 안 먹은 척 하는
위선자를 박살내고 싶었다

왕자의 난 이후에는 이방원과 이숙번이 도마에 올랐다. 세종 때는 사내들이 실종되고 여인들이 등장했다. 감동^{甘同}과 세자빈이다. 궁녀를 침전으로 불러들여 뜨거운 밤을 보낸 순빈 봉씨의 동성애사건도 장안의 화제였지만 39명의 사내를 후린 감동이 단연 최고의 주인공이었다.

감동은 사대부집 딸이며 무안현감 최중기의 부인이다. 무안현감에 제수된 최중기를 따라 현지로 내려갔던 그녀는 지병으로 인해 홀로 한양으로 올라왔다. 비접^{避病}하러 가는 밤길, 그녀를 가로막는 한 사나이가 있었다. 감동의 운명을 바꾼 사내, 김여달이다. 조사할 것이 있다고 속인 그는 감동을 으슥한 곳으로 끌고 가서 성폭행했다. 공포에 떨고 있던 감동은 소리를 질렀고, 그 소리에 감전된 김여달은 자기가 변강쇠인 줄 착각했다. 그후 김여달은 감동 혼자 있는 최중기의 집까지 쳐들어가 거리낌 없이 욕심을 채우다 마침내 감동을 데리고 도망쳤다.

사건이 드러나 시집에서 쫓겨난 감동은 참담했다. 밤길 걸어간 죄밖에 없었는데, 지아비로부터 부정한 여자라 버림받고 세상으로부터 손가락질을 받는 것이 억울했다. 감동은 스스로 창기娼妓라 칭하며 세상과 사내들에 대한 복수에 나섰다. 이때 여자의 신음소리에 민감하게 반응하던 김여달이 떠올랐다.

"바로 그거야."

사내들이 청각에 약하다는 것을 간파한 감동은 날이면 날마다 사내를 갈아치우며 소리로 '척'을 했다. 감동이 '척'을 하면 사내들은 더 '척'을 해 주려 안달이 났다. 공조판서와 사헌부 장령 등 조정의 고위 관리가 걸려들었다. '척'으로 월척越尺을 낚은 셈이다.

'척'에 자신감을 얻은 감동은 계속 낚시를 드리웠다. 상호군 이효랑, 해주판관 오안로, 호군 황치신, 도사 이곡, 총제 정효문, 군자감주부 전수생, 절제사 박종지, 행사직 주진자, 전 판관 유승유, 내자판관 김유진, 찰방 최심, 길주판관 이수동, 진해현감 김이정, 부사직 설석, 행수 이견수, 별시위 송복리가 덥석 물었다.

감동의 낚시 행각은 여기에서 그치지 않았다. 흙으로 자기를 빚고, 돌로 보석을 만들고, 쇠로 보검을 만드는 장인들의 손길은 어떨까? 호기심이 발동했다. 진짜 '손맛'을 보고 싶었던 것이다.

낚시꾼이 어종을 바꾸려면 어장을 옮겨야 한다. 감동이 활동 무대를 사옹원 근처로 옮기자 돌을 보석으로 바꾸는 마술의 손을 가진 수정장水精匠 장지, 은장銀匠 이성, 말안장을 만드는 안자장鞍子匠 최문수가 걸려들었다. 모두가 왕실에서 인정하는 궁정 장인들이었다.

섬세한 장인의 손을 타서 그럴까? 사내들과 '척'을 하며 뜨거운 밤을 보내던 감동이 '척'의 참맛을 터득하기 시작하더니만 마침내 '척' 꼬리표를 뗐다. 그러자 사내들이 더 달라붙었다. 내친 걸음 멈출 수 없었던 감동은 시정잡배들까지 끌어들여 불같은 밤을 보냈으나 그녀가 줄기차게 노린 것은 선비(士)였다. 뒷짐을 지고 헛기침하며 먹고도 안 먹은 척, 하고도 안 한 척하는 사대부들의 위선을 박살내고 싶었다.

꼬리가 길면 밟힌다 했던가? 밟히기 위해 꼬리를 늘어뜨렸던 것인가? 감동이 사헌부에 체포되었다.

"죄인은 추호도 거짓 없이 묻는 말에 대답해야 할 것이다."

"네."

"자, 지금부터 시작한다."

"그런데 초사는 누가 쓰나요?"

"위관이 쓰고 죄인은 나중에 서명만 하면 된다."

"에이, 말도 안 됩니다. 그 오묘하고 섬세한 부분을 남자가 어떻게 쓸 수 있겠습니까? 제가 쓰겠습니다."

"네가 쓰겠다는 말이냐?"

보통의 죄인은 위관이 묻고 초관이 받아 쓴 초사에 서명하는 것이 관례였는데, 감동이 직접 쓰겠다니 난감했다. 위관이 묻고 감동이 쓰는 초유의 사태가 벌어졌다. 괴이한 상황이 벌어진 것이다.

국문을 받게 된 감동은 상대한 남자들 개개인의 느낌과 체위까지 설명하며 초사招辭를 손수 썼다. 당황한 것은 문초를 담당한 위관이었다. 위엄이 있어야 할 위관의 말투가 꼬이고 얼굴이 붉어졌다. 그것을 놓칠 리 없는 감동이다. 감동은 더듬거리는 위관의 말투에서 희열을 느끼며 즐기고 있었다.

진술서라기보다도 세상에 대한 고발장이 완성되었다. 초사 그대로 보고하자니 민망하고 축소하자니 본질을 왜곡했다고 항의할까봐 난감했다. 간추린 계본啓本을 받아든 세종이 물었다.

"세족인가?"

"네, 전하! 사족 유귀수의 딸이며 현감 최중기의 부인입니다."

좌대언 김자로부터 보고를 받은 세종은 망연자실했다. 엄중하게 다스리자니 많은 신하를 잃게 되겠고, 가벼이 처결하자니 백성들의 눈이 무서웠다.

당시 율법으로는 사대부의 부인과 간통한 자는 최고 사형에 처하는 중형으로 다스렸다. 풍속은 통치철학 강상綱常과 관련이 있었기 때문이다. 백성들의 관심은 '누가 어떤 처벌을 받느냐?'에 쏠렸다. 결국 처벌은 솜방망이에 그쳤다. 감동은 엉덩이 몇 대 맞고 극변에 내쳐졌다. 이것으로 감동의 사건은 종결되었다.

피맛골은
소문의 바다

"주모! 여기 탁배기 하나 주시오."

한명회가 나지막한 목소리로 주문했다. 술청에는 탁주만 있는 것이 아니다. 방문주方文酒도 있다. 하지만 서민들의 술, 막걸리가 주종을 이루고 있었다.

"팔아주지 않아도 괜찮아요."

주모가 눈웃음을 흘렸다. 구부정한 모습에 혼자 와서 앉아 있는 모습이 없어 보였던 것일까? 피맛골에는 팔도의 소문들이 모여들고 확대 재생산되어 퍼져나갔다. 피맛골에는 힘없는 서민들이 한 탁배기에 시름을 달래는 곳이지만 관직이 떨어진 퇴물들과 도성에서 힘깨나 쓴다는 왈패들도 모여 들었다. 또한 세도가 집에서 도성에 떠도는 소문을 수집하기 위해 하인을 풀어놓기도 했다.

"신숙주가 수양대군의 장자방이 된다며?"

"학처럼 고고한 집현전 학자가 아무렴 장자방 노릇을 하려고?"

"열 길 우물 속은 알아도 한 길 사람 속은 모르는 거야."

"냄새가 나긴 나."

"냄새 나면 안 먹으면 되지."

"뭘?"

"숙주나물."

"하하하."

한바탕 웃음꽃이 피었다.

"개성에 있는 궁지기가 수양대군 장자방이 된다는 소문도 있어."

"누군데?"

"칠삭둥이 한명회."

발 없는 말이 천리 간다는 말이 틀린 말은 아니다. 몸은 개성에 있었는데, 소문은 피맛골에 왁자하게 퍼졌으니 기가 찰 노릇이다.

한명회에게는 둘도 없는 친구가 있었다. 권남이다. 둘은 처지가 비슷하여 절친이 되었다. 한명회에게 할아버지 한상질이 있다면 권남에겐 할아버지 권근이 있었다. 고려말 우왕 때 예의판서를 지냈으나 친명 성향으로 인해 이인임으로부터 핍박을 받았고, 조선 개국과 함께 이성계에게 줄을 서 이방원의 왕자의 난을 지지함으로써 좌명공신이 되었다.

혁명 정부의 세도가 집안에서 금수저를 물고 태어났지만 권남은 부인을 미워하는 아버지 권제로부터 박대를 받자 한명회와 의기투합하여 팔도를 유람했다. 그때 한명회의 꾀주머니를 알아보게 된 권남은 수양대군에게 한명회를 천거했으나 한명회는 아직 결심하지 않은 상태다.

"사람을 쓰려면 반반한 인물을 뽑아 써야지 하고 많은 사람 중에 하필이면 칠삭둥이야."

"누가 아니래, 수양도 싹이 노래."

"모르긴 해도 먼저 나오느라고 머리도 안 여물었을 텐데"

"어디서?"

"예끼 이 사람아!"

"크크크…."

'내가 한명회다.' 하고 뛰쳐나가 멱살이라도 잡고 싶었지만 시정잡배들과 드잡이를 하면 똑같은 사람이 된다. 참을 인忍이 따로 있나. 꾹 참았다.

잡배들인지 아닌지 확실히는 모르지만 그들 눈에는 한명회가 잡배 같아 보였을 것이다. 피맛골에 드나드는 사람들은 스스로 잡배라 비하하고 상대도 잡배라고 예단했다. 피맛골은 잡배 천국이었기 때문이다. 이때였다. 안으로 들어오던 조번이 한명회를 발견했다.

"어이, 송도에 있어야 할 한지기가 여긴 웬일인가?"

　조번이 반가움을 표시했다. 경덕궁 궁지기로 있어야 할 한명회가 한양에는 웬일이냐는 것이다. 한명회는 조번이 이 집을 자주 드나든다는 정보를 입수하고 먼저 와 있었던 것이다. 우연을 가장한 만남이었다.

　"노새가 나귀 흉을 보는구먼, 바다를 보고 있어야 할 조지기는?"

　조번은 조정에 출사하지 못하고 야인으로 떠돌다 안평의 수하가 되어 소릉직을 얻었다. 비록 능지기라 하나 과거에 붙어야 나아갈 수 있는 종9품 벼슬이다. 안평으로부터 은혜를 받아 음관蔭官으로 관직에 나간 조번은 안평의 일이라면 물불을 가리지 않는 수족이 되었다.

　소릉은 문종의 정비 현덕왕후의 능침으로 안산에 있다. 현 임금의 어머니 묘다. 사모의 정에 사무친 임금이 찾아가면 지근거리에서 모실 수 있는 자리다. 한명회 역시 과거에 연거푸 낙방하다 음보蔭補로 겨우 경덕궁 궁지기에 나갔다. 능지기와 궁지기. 두 사람은 과거에 급제하여 청운의 꿈을 펼쳐보지 못한 한 서린 동지애가 있었다.

　"시골뜨기가 여기 오면 안 되나?"

　"안 될 거야 없지만 복색도 초라한 몰골로 도성을 헤매다간 코 베어 간다네."

　"귀까지 베어가라지."

　조번과 한명회가 마주보며 웃었다.

　한명회가 조번을 만난 것은 안평대군에 대한 정보를 얻기 위해서였다.원하는 정보를 얻고 개성으로 돌아온 한명회는 깊은 고민에 빠졌다. 발을 담글 것인가, 뺄 것인가. 정치판에 발을 들이면 오물을 뒤집어 써야 하고 때론 피를 봐야 한다는 것을 한명회는 너무나도 잘 알고 있었다. 피뿐인가? 목을 내놓아야 할 경우도 있다.

계유^{癸酉}년에 일어난 정변^{政變}

계유년 10월 초하루, 상현달도 사라진 어스름 밤. 명례궁에 수양대군의 참모들이 모여들었다. 홍달손, 권남, 한명회다. 수양의 사저 명례궁은 그의 아버지 세종이 나이 어린 조카를 잘 보필하라며 특별히 하사한 집이다.

내금위에 있다 무과에 급제한 홍달손은 힘이 장사였고 문과에 장원급제한 권남은 머리가 좋았다. 뛰는 놈 위에 나는 놈이 있고, 나는 놈 위에 구름을 움직이는 놈이 있듯이 자신의 한계를 절감한 권남은 경덕궁 궁지기로 있던 한명회를 수양에게 천거하여 한솥밥을 먹게 되었다.

권력은 바람이고 바람은 구름을 움직인다 했던가. 권남은 한명회의 번득이는 지략에 경탄할 때가 한두 번이 아니었다. 그들은 권남의 천거로 수양대군의 장자방^{張子房}이 된 한명회를 한방^{韓房}이라 불렀다. 그 말에는 수양의 신망에 대한 질시와 칠삭둥이라는 조롱이 뒤섞여 있었다. 하지만 실타래처럼 얽혀 있는 문제도 한 방에 해결하는 그의 능력에 대한 경외심도 묻어 있었다.

세 사람이 좌정한 사랑채에 서늘한 기운이 감돌았다. 한명회와 홍달손이 서른여덟 동갑, 권남이 서른일곱이었으므로 평소에는 스스럼없이 호형호제 했으나 시절이 하수상하니 그들도 긴장하지 않을 수 없었다. 이윽고 수양대군이 자리를 잡았다.

"오늘은 김종서를 베어 종사를 편케 할 것이다. 그대들은 어떻게 생각하는가?"

수양대군의 얼굴에 비장감이 흘렀다.

"나리의 생각에 동조하지 않고 협조하지 않는 자들도 일단 후원으로 불러들여야 합니다. 거사가 실패하면 회동에 참석했다는 것만으로도 목이 잘릴까봐 지지하지 않을 수 없을 것입니다. 그자들을 그대로 방치하면 저들에게 붙습니다. 저들에게 붙지 못하게 하기 위해서라도 불러들여야 합니다."

한명회는 역시 수양의 장자방이었다. 수양대군은 홍윤성, 강곤, 임자번, 최윤, 안경손, 홍순로, 홍귀동, 민발, 송석손을 불러들여 술과 고기를 잔뜩 먹여 후원에 몰아넣고 스스로 앞장을 서 김종서의 집으로 향했다. 김종서의 집 동구에 이르자 잘 가꾸어진 정원에 고래 등 같은 저택이 시야에 들어왔다. 길 건너 경기감영보다도 규모가 커 보였다.

변방을 평정한 김종서는 함길도 관찰사 시절부터 북방 왕래가 잦았다. 때문에 도성 안보다 돈의문 밖에 집을 장만하는 것이 편리하여 고마동에 거처를 마련한 것이다. 오늘날의 서대문 농협 자리다. 허나, 이것이 그의 명줄을 재촉할 줄이야 누가 알았으랴.

집 가까이 다가가자 솟을대문 앞에 무장을 갖춘 30여 명의 무사들이 서성이고 있었다. 마구간을 나온 여러 필의 말도 보였다. 여차하면 달려나갈 수 있는 준비자세다. 본채 바깥에 자리잡은 김종서의 맏아들 김승규의 집 앞에도 군장을 갖춘 무사 세 사람이 눈을 번득이고 있었다.

"누구냐?"

수양대군이 김종서의 집 앞에 이르자 무사들이 그를 에워쌌다.

"무엄하구나. 대군 나리시다. 어서 길을 비켜라."

권남의 목소리에 놀란 무사들이 길을 열었다.

“어서 오시지요. 대군 마님.”

집 앞에서 윤광은, 신사면과 담소를 나누던 김승규가 정중하게 수양대군을 맞이했다.

“좌상 대감님을 뵈러 왔네. 어서 고하시게.”

사헌부 지평과 형조정랑을 지내고 정삼품 병조참의에 있는 당상관이지만 수양에게는 하대의 대상이었다.

김승규가 안으로 들어가 김종서에게 고했다.

“수양대군이 아버님을 뵙자고 합니다.”

“찾아온 사람이 적으면 나아가 접할 것이고 많으면 쏘라 할 것이다.”

“적습니다.”

12척 담장 위에서 수양 일행을 살피던 가노가 승규를 뒤따라와 아뢰었다.

“알았다. 의관을 정제하고 나갈 테니 잘 모시도록 하라.”

가노의 보고에 안심이 된 듯 김종서가 뽑아 든 칼을 벽에 걸어 놓고 나왔다.

“안으로 드시지요.”

김종서가 예를 다해 맞이했다. 순간 수양대군의 손이 하늘을 찔렀다. 그때였다. 수양을 호종한 임어을운의 철퇴가 별빛에 번득였다. 순간 ‘퍽’ 하는 소리와 함께 김종서가 쓰러졌다. 깜짝 놀란 승규가 김종서를 감싸며 엎드렸다. 그 순간, 양정의 칼이 허공을 갈랐다. 솟구친 선혈이 수양의 옷자락을 적셨다.

죽이고 살리는 것은
내 손안에 있소이다

김종서와 그의 아들 김승규를 해치운 수양대군이 휘하 무사들을 이끌고 임금이 있는 시좌소로 향했다. 외로움을 많이 타던 단종은 경복궁에서 잠시 피양을 나와 누나집에 머물고 있었다. 궁인들이 시어소라 부르는 시좌소時坐所는 임금이 출궁하여 임시로 거처하는 곳이다.

"입직 승지를 불러내라."

문밖으로 나온 최항은 아연실색했다. 적잖은 무사들이 포진하고 있지 않은가. 또한 그들을 호위하고 있는 순졸들은 어느 나라 순졸이란 말인가? 도무지 뭐가 뭔지 알 수가 없었다. 몸둘 바를 모르고 안절부절 하는 최항의 손을 수양대군이 덥석 잡았다.

"황보인, 김종서, 조극관이 한 패가 되어 역모를 획책하고 있다."

"역적모의란 말씀입니까?"

"그렇다. 형세가 매우 위급하여 김종서 부자를 먼저 베었고 이제 나머지 잔당을 토벌하고자 한다."

"김종서 장군이 죽었다는 말씀입니까?"

"그들과 내통하는 김연과 한숭이 주상의 곁에 있어 먼저 고하지 못하였으니 지금 아뢰어라."

수양대군이 입직 승지와 함께 따라 나온 환관 전균에게 덧붙였다.

"옛 사람들이 먼저 일을 처리하고 뒤에 보고하는 선발후문先發後聞을 본받아 김종서 부자를 죽였으나 황보인과 그 패당이 아직도 살아 있으므로 지금 처단하기를 청하는 것이다. 속히 들어가 아뢰어라."

환관 전균이 부들부들 떨었다.

"주상께서 놀라시니 목소리를 부드럽게 하고 천천히 아뢰어라."

승지와 환관을 시좌소로 들여보낸 수양은 김처의를 시켜 입직 사령 도진무 김효성을 불러냈다. 사건의 전말을 전해들은 김효성이 안으로 들어가 자신의 상관 병조참판 이계전을 불러냈다. 머리를 맞대고 숙의하던 최항과 김효성, 이계전은 판세를 읽고 수양에게 붙었다.

김연과 한숭에 대한 의심을 떨쳐내지 못한 수양이 일단의 무사를 이끌고 시좌소로 들어갔다. 놀란 임금이 옥좌에서 일어났다.

"웬 피가?"

수양대군의 옷자락에 묻은 피를 보고 기겁한 임금이 말끝을 잇지 못했다.

"종사를 위태롭게 하는 자가 있어 먼저 베었습니다."

"종사를 위태롭게 하다니요?"

지엄해야 할 임금의 목소리가 떨렸다.

"김종서가 안평과 작당하여 거사하려 하기에 먼저 역적 괴수 김종서 부자를 베었습니다."

수양의 눈동자는 이글이글 타오르고 있었다.

"숙부는 나를 살려 주시오."

숙부에게 목숨을 구걸하는 것인지 숙부께서 내 목숨을 지켜달라는 애원인지 알 수 없다. 안평 숙부는 기대고 싶은 나무 같았지만 수양 숙부는 호랑이처럼 두려웠다. 오늘따라 더 무섭다. 수양의 눈과 임금의 눈이 마주쳤다. 어린 눈동자에 이슬이 맺혀 있었다. 아무리 임금의 자리에 있지만 12살 어린아이다.

"어렵지 않습니다. 황보인, 이양, 조극관, 한확, 정인지, 허후, 이사철과 도승지 박중손을 불러들여 주십시오."

"알겠습니다."

임금의 목소리는 힘이 없었다. 주저앉고 싶을 만큼 다리가 풀려 있었다. 임금의 명을 받은 승지가 명패命牌를 내었다. 전령을 태운 말들이 시좌소 문을 박차고 튀어 나갔다. 임금이 발행한 신표를 소지한 저 승사자들이다.

국가 위난시에 퇴청한 대신들을 불러들이는 증표가 명패다. 임금의 수결을 압인한 패를 두 쪽으로 나누어 하나는 승정원에서 보관하고 하나는 부름을 받는 자에게 전달했다. 신표를 소지한 사람이 궁에 도착하면 숙위하던 승정원 주서가 패를 대조하고 입궁시킨다.

전령이 떠난 것을 확인한 수양은 입직하던 봉석주로 하여금 내금위 군사들에게 갑주를 갖춰 남문을 방비하게 하고 입직하는 별시위 갑사와 총통위로 하여금 홍달손을 엄호하게 했다.

밖으로 나온 수양은 순졸巡卒 수백 명과 함께 가회방 입구 돌다리에 지휘소를 설치했다. 순군巡軍으로 하여금 시좌소 앞뒤 골목을 차단하게 하는 한편 서쪽으로 영응대군 집 동구와 동쪽으로 서운관 고개에 이르기까지 사람의 출입을 통제했다.

시좌소 외곽에 군사를 배치한 수양은 가회방 돌다리로부터 남문까지 마병馬兵과 보병步兵으로 네 겹의 벽을 만들었다. 그리고 수하 중에서 가장 힘이 센 함귀와 박막동 그리고 수산과 김막동에게 제3문을 엄중히 지키라 명했다. 제3문은 시좌소로 들어가는 마지막 관문이다. 만반의 준비를 끝낸 수양이 명을 내렸다.

"시좌소가 좁으니 들어오는 재상은 수종하는 종을 밖에 두고 혼자 들어오도록 하라."

한명회의 머리에서 나온 제안이다. 이윽고 임금의 부름을 받은 병조판서가 제일 먼저 도착했다. 가마에서 내린 사람이 조극관이라는 것을 확인한 한명회가 손을 위에서 아래로 그었다. 순간, 함귀의 철퇴가 작렬했다. 골이 튀고 피가 튀었다.

잠시 후, 한확과 정인지의 가마가 거의 동시에 도착했다. 한명회의 손을 주시하던 막둥이가 칼자루에 힘을 주었다. 허나, 한명회의 손은 움직이지 않았다. 입구를 통과하던 한확과 정인지는 서로의 얼굴을 바라보며 벌린 입을 다물지 못했다. 형체를 알아볼 수 없는 사람이 널부러져 있고 피가 낭자하지 않은가. 한확은 인수대비의 아버지다.

"이게 어찌된 일이냐?"

정인지가 목소리를 높였다.

"알려고 하지 말고 어서 들어가시오. 더 알려고 하면 다칩니다."

구레나룻이 시커먼 사내가 눈알을 부라렸다. 정인지와 한확이 젊은이들의 손에 떠밀려 안으로 들어간 다음 예사롭지 않은 수레가 도착했다. 외바퀴 수레(軺軒)였다. 일인지하만인지상 영의정의 수레다. 하얀 수염을 흩날리며 수레에서 내린 사람은 황보인이었다. 한명회가 손을 위에서 아래로 내렸다. 기다렸다는 듯이 막둥이의 칼이 번쩍이고 황보인은 선혈을 뿜으며 꼬꾸라졌다.

허후와 박중손이 죽음의 문을 통과했다. 끔찍한 일이 벌어지고 있는 것을 알 길이 없는 우찬성 이양이 가마에서 내리자 한명회가 저승사자의 손짓을 했다. 수산의 칼이 허공을 갈랐다.

한명회는 통쾌했다. 거들먹거리던 고관대작들이 고목나무 쓰러지듯 속절없이 무너지는 모습이 그렇게 짜릿할 수가 없었다. 정의를 외면한 쓰레기더미를 쓸어버리는 이 기쁨, 그 누구도 맛볼 수 없는 쾌감이라고 생각했다.

임금의 부름을 받고 달려온 어떤 자는 불귀의 객이 되었고 어떤 자는 관문을 통과하여 안으로 들어갔다. 한명회가 작성한 살생부에 따라 산 자와 죽은 자가 갈렸다. 저승사자가 따로 없다. 보내는 사람이 저승사자다. 전두환 신군부가 일으킨 12.12사태는 계유정난^{癸酉靖難}과 너무나 닮았다. 역사 인식이 없는 군인들이 벤치마킹한 것이다.

포스트 수양을
준비하라

권력을 접수한 수양대군은 조카 단종을 몰아내고 왕위에 올랐다. 조선 7대 임금 세조다. 왕으로 등극한 수양은 한명회를 총애했다. 좌부승지와 이조판서를 거쳐 영의정에 오르는 데 딱 12년, 고속 출세다.

권세는 바람이고 세력은 구름이라 했던가? 구름은 모이면 흩어지고 흩어지면 모인다. 만인지상일인지하^{萬人之上一人之下} 영상 대감. 오를 만큼 올랐다. 더 이상 오를 곳이 없다. 용상? 그것은 주제넘은 욕망이다. 이제 내려갈 길을 생각해야 한다. 정상은 오르는 길보다 내려가는 길이 어렵다 하지 않은가. 권력욕이 남다른 한명회는 포스트 수양을 생각하지 않을 수 없었다. 답은 혼맥, 정략결혼이다.

한명회는 그의 셋째 딸을 왕실로 출가시켰다. 수양대군의 둘째 아들 해양대군이다. 수양과 사돈이 된 것이다. 수양에게는 맏아들 도원군이 있었다. 후사를 빨리 결정해야 한다는 공신들의 주청에 따라 도원군을 세자로 책봉했으나 얼마 지나지 않아 죽었다. 의경세자다. 왕실은 슬퍼했으나 백성들은 환호했다. 원한을 품은 단종의 어머니 현덕왕후가 데려갔다는 풍문이 파다했다.

도원군을 이어받아 해양대군이 세자가 되었다. 덩달아 자신의 딸이 세자빈이 되었다. 이제 머잖아 국구國舅가 된다. 한명회가 표정관리를 하고 있을 때 청천벽력이 떨어졌다. 산후통으로 시름시름 앓던 셋째 딸이 죽어버린 것이다. 17세였다. 그뿐만이 아니다. 장차 왕위에 오를 것으로 생각하던 외손자 인성대군마저 죽었다. 한명회의 낙심과 슬픔에 비례해 세상의 민심은 박수를 쳤다.

하지만 여기에서 주저앉을 한명회가 아니다. 훗날 이순신에게는 12척의 배가 있었지만 그에게는 넷째 딸이 있었다. 그는 넷째 딸을 자산군에게 시집보냈다. 일종의 보험이다. 자산군은 왕위에 오르지 못하고 유명을 달리한 도원군의 아들이다. 형인 월산대군이 엄존하고 있는 상황에서 자산군은 왕위 계승과 한참 멀리 떨어진 존재였다.

조선은 성리학을 이념으로 한 국가다. 한명회가 예를 중시하는 성리학적인 학문이 깊었다면 이렇게 난삽한 혼맥을 형성하지는 않았을 것이다. 그러나 한명회의 선택은 신의 한 수였다.

세조가 죽고 등극한 해양대군(예종)마저 즉위 13개월만에 죽었다. 왕실이 요동쳤다. 한명회의 딸이 죽은 뒤에 맞아들인 예종의 계비 안순왕후가 낳은 아들 제안대군이 왕위 승계 1순위. 2위가 월산대군, 3위가 자산군이다. 이때 인수대비가 등장했다.

수양대군의 맏아들 도원군과 결혼한 인수대비. 수양이 계유정난에 성공하여 왕위에 오르자 인수대비도 자연스럽게 세자빈이 되었다. 국모가 되는 것은 받아놓은 밥상이었다. 수저만 들고 좌정하면 된다. 허나 세자빈의 영광도 잠시, 남편(의경세자)이 요절하자 동서에게 그 자리를 물려주고 궁을 나와야 했다. 왕과 세자 이외에는 나가 살아야 하는 궁중 법도 때문이다.

두 아들 월산대군과 자산군을 데리고 세조가 예전에 살았던 명례궁으로 나온 인수대비는 권력욕이 강한 여자다. 두 아들 월산대군과 자산군을 데리고 명례궁으로 나온 그녀는 시동생 해양대군이 왕위에 오르고 동서가 왕비가 되자 경복궁을 바라보며 절치부심 칼을 갈았다.

"그 자리가 누구 것인데…."

예종이 즉위 13개월만에 죽자 민심이 흉흉했다.

"잘 뒈졌어."

"속이 다 시원하구먼."

"단종의 생모가 데려갔다더구만."

민심은 들끓고, 독살설이 떠돌았다.

'인수대비가 자신의 아들을 왕으로 만들기 위해 시동생을 죽였다.'

하지만 설은 설이고 일단 권력공백 상태가 벌어졌다. 법통은 해양대군의 맏아들 제안대군. 허나, 왕위는 방향을 잃고 표류했다. 인수대비의 머리가 분주하게 돌아가기 시작했다. 잃어버린 왕좌王座를 다시 찾아오기 위해서는 권신의 지지를 받아야 한다. 그럼 그 좌장이 누구일까? 한명회다. 그렇다면 맏아들 월산대군 카드를 버려야 한다. 인수대비는 한명회와 손을 잡고 자신의 아들 자산군을 왕위에 올렸다. 더불어 한명회도 임금의 장인이 되었다. 성종이다. 하지만 영화도 잠시, 성종이 즉위하고 5년, 그의 딸 공혜왕후가 19세의 나이로 소생 없이 세상을 떠나자 한명회의 날개도 꺾이기 시작했다.

한편, 둘째 아들을 권좌에 앉힌 인수대비는 남편인 의경세자를 덕종으로 추존하고 자신은 대왕대비가 되었다. 그러나 둘째를 왕위에 앉히자 첫째가 문제다. 철의 여인 인수대비는 맏아들 월산대군에게 명례궁으로 나가 살도록 명했다. 결국 월산대군은 할아버지 수양이 살았던 명례궁에서 여생을 마감했다. 이로 인해 덕수궁이 월산대군의 사저로 각인되기에 이른 것이다.

압구정에 정자를 짓고
권력을 농단하다

탄탄대로를 달리던 한명회에게도 위기는 있었다. '이시애의 난'이다. 변방 행정에 불만을 품은 이시애는 함길도 절도사 강효문이 반란을 획책하고 있다는 혐의로 죽이고 한명회와 신숙주도 역적모의에 연루되어 있다고 보고했다.

발칵 뒤집힌 조정은 연일 신숙주와 한명회를 탄핵했다. 그 선봉엔 한명회로 인해 기를 펴지 못하던 정창손이 있었다.

중신들의 끈질긴 상소에 밀린 세조는 신숙주를 의금부에 하옥하고 한명회를 가택연금하라는 명을 내렸다. 하지만 한명회가 대권을 넘볼 만한 위인이 못 된다는 것을 간파한 세조는 보름 후 방면했다.

최고의 정점에서 권세를 향유하던 한명회는 압구정에 정자를 짓고 물러난 상태에서도 정국을 농단했다. 그의 문지방은 관직을 얻어 보려는 아부꾼들이 줄을 이었다. 뇌물이 바리바리 쌓였다. 중국의 사신들도 압구정을 찾아 배알했다. 그의 학문이 존경스러워서가 아니라 선물 보따리 때문이었다.

두 딸을 왕실에 시집보내고 부귀영화를 누리던 한명회가 나이 72세에 세상을 떠나자 사관은 왕조실록에 이렇게 적었다.

'젊어서 학문을 이루지 못하고 불우하게 지내다가 권남을 통하여 세조를 만나 정승에 이르렀다. 권세가 매우 성하여 그를 따르고 아부하는 자가 많았다. 그의 사랑방에서 재상들이 많이 나왔다. 성격이 번잡한 것을 좋아하고 과대하기를 즐겼다. 재물을 탐하여 뇌물이 잇달았고 색色을 즐겨서 첩

겸재 정선이 그린 압구정

을 많이 두었다.'

앞날을 내다보는 데 동물적인 감각을 지녔던 한명회도 결국 오점을 남겼다. 폐비 윤씨를 사사하는 데 찬성했다는 이유로 연산군에게 부관참시를 당한 것이다.

유신정권에 빌붙어 수십 년간 권력에 빌붙어 부귀영화를 누리고 말년에는 왕실장으로 불리던 법 기술자 김기춘이 법의 심판대에 오르리라고는 생각하지 못했을 것이다. 모두가 노욕老慾이다.

유자광 柳子光 (1439~1512)

영광 靈光 유씨.
부윤을 지낸 유규와 노비 출신 최씨를 생모로 세종 21년 영광에서 태어나
문종, 단종, 세조, 예종, 성종, 연산 시대를 지나 중종 7년에 죽었다.
이복형제 유자황과 유자석이 있고 아내 죽산 박씨와의 사이에서
유진, 유각, 유방을 두었다.
갑사로 근무하던 중, 편지 한 통으로 세조에게 발탁되어 총애를 받았으며,
남이의 옥사에 간여하여 익대공신에 책록되었다.
그 뒤 중종반정에도 참여하여 정국공신이 되었지만 서자라는 멍에를 벗지 못해 관직
은 병조판서에 멈췄다. 같은 시대를 살았던 인물로
한명회, 남이, 폐비 윤씨, 연산군, 임사홍이 있다.

서자는 무엇이고
얼자는 또 무엇이야?

서얼庶孼. 서울의 잘못된 표기가 아니다. 서자庶子와 얼자孼子를 이르는 말이다. 서자는 양인良人 첩의 자손, 얼자는 천인賤人 첩의 자손을 말한다. 여기에 제도라는 수식어가 붙으면 조선시대 최고의 악폐가 등장한다. 양반과 상놈을 가르는 반상 제도보다 더 악랄한 제도다.

세도가 빵빵한 대감이 있다고 하자. 부인도 있고 첩도 있다. 대가족제도라서 큰 아들과 며느리도 한 울타리 안에서 살고 있다. 조혼 풍습에 따라 일찍 낳은 딸보다 더 어린 애첩도 함께 살고 있다. 혈육으로 맺어진 가족뿐만 아니라 노와 비도 수 없이 많다. 노奴는 남자종을 말하고 비婢는 계집종을 말한다. 계집종 중에는 처녀도 있고 사내종과 혼인한 유부녀도 있다.

계집종 중에 반반한 여자가 있다고 하자. 그게 처녀건 유부녀건 대감마님의 눈에 들어오면 군침을 흘린다. 때론 아비와 아들이 함께 건드리는 경우도 있다.

계집종의 입장에선 마음은 저항하지만 몸은 거부하지 못한다. 노비는 대감마님의 재산이며, 가축처럼 사고팔 수 있는 물건과 마찬가지다. 노비 15구와 말 한 마리 값이 같을 때도 있었다. 노비 사이에서 자식이 태어나면 돼지가 새끼를 낳은 것처럼 주인마님의 재산이 증식되는 것이다. 인권이란 개념조차 없던 그 시대에는 성폭행을 당해도 당연한 것으로 받아들였다.

여기까지는 자신의 유전자를 뿌리고 싶은 '남컷'의 일탈이라고 치자. 피임이라는 것을 상상도 못했던 그 시절, 덜컥 임신이라도 되면 낳아야지 도리가 없다. 아기는 태어나면서부터 안방마님의 저주를 받고 이 세상에 나온다. 때론 나오기 전에 죽는 경우도 부지기수다. 성장 과정은 가시밭길이다. 아비를 아버지라 부르지 못하고 형을 형이라 부르지 못한다. 온갖 구박과 학대를 당하면서 성장한다.

여기까지도 좋다. 하지만 아비를 닮아 외모가 준수하고 머리가 좋아도 과거시험을 볼 수 없다. 아예 자격을 주지 않는다. 인간을 인간 대접하지 않는 제도가 조선시대를 관통한다. 이 제도에 반기를 든 대표선수가 홍길동이다.

서자야?
얼자야?

유자광은 서자로 태어났다고 알려져 있다. 하지만 얼자로 태어났음에도 주류에 편입된 세도 과정에서 서자로 둔갑하였는지 모른다. 물론 얼자에서 서자까지는 세탁할 수 있었으나 근본을 바꿀 수 없었던 한계를 극복할 수는 없었다. 그게 그거 아니냐고 하겠지만 양인 첩에서 낳은 서자와 천한 종에서 태어난 얼자는 후대들이 당하는 신분상의 불이익이 다르다.

그의 할아버지 유두명은 정3품 대언 출신이다. 요즘으로 치면 청와대 비서관. 아버지 유규는 부친의 후광을 받아 음직으로 출사하여 세종 8년에 무과에 급제, 사헌부 장령과 형조참의, 황해도 관찰사를 거쳐 종2품에 해당하는 경주부윤을 역임했다. 성향으로 보아 무골武骨이다.

임지에 있던 유규가 고향 영광에 내려왔다. 부인과 잠자리를 같이 하려 하자 몸이 좋지 않다는 이유로 돌아누웠다. 아내와의 동침을 상상하며 콧노래를 부르며 왔는데, 뚜껑이 열릴 수밖에. 더구나 호랑이를 타고 가는 꿈까지 꾸었는데, 아쉬웠다. 운명의 장난이라고 바로 옆자리에 어여쁜 아가씨가 있었다. 그날 밤, 배설 욕구에 충만해 있던 유규가 그 아이를 봐버렸다.

시앗을 보면 돌부처도 돌아앉는다는 말이 있다. 부인은 자신을 돌보던 애하고 남자를 나누어 가져야 한다는 현실을 받아들일 수 없다. 미운 것이 미운 짓만 골라서 한다고 아들을 덜컥 낳아버렸다. 본부인은 눈이 뒤집혔다. 온갖 학대와 질시에 힘들어하는 모습에 유규는 모자母子를 남원으로 옮겨 살게 했다. 유자광의 탄생 야사다.

유자광은 산과 들로 뛰어다니면서 성장했다. 남원은 지리산 자락이다. 예사롭지 않은 산세가 유자광에게 제격이었다. 험한 산과 절벽이 유자광 스타일이었다. 뛰고 오르며 몸과 마음을 단련했다.

틈이 나면 정읍 옹동에 있는 고모네 집을 찾았다. 과거에 급제하여 대사성까지 올랐던 고모부 권채權採가 향리에 묻혀 〈향약집성방〉을 편찬하는 것을 어깨 너머로 보면서 문文의 세계에 빠져 들었다. 정식으로 공부를 하지 않았던 그가 훗날 조의제문을 가지고 당대의 논객들과 끝장토론을 할 수 있었던 힘의 원천은 이때 쌓아올린 학문의 덕택이다.

청소년기를 맞아 자아를 찾아갈 무렵, 유자광은 아버지에 대한 원망이 깊어졌다. 아버지의 하룻밤 일탈로 태어난 자신의 신세가 저주스러웠다. 그렇게 세상에 내놓고도 거두지 않고 축생 취급을 하는 아버지가 한없이 원망스러웠다. 그럴수록 어머니가 불쌍했다. 훗날, 어머니에 대한 극진한 효심은 이때부터 발로한 것이다.

성장통을 앓던 그는 도박에 빠져 친구들과 다투고 싸우는 것이 일상이 되었다. 밤늦게까지 골목길을 배회하다 여자를 만나면 으슥한 곳으로 끌고가 겁탈하기도 했다. 이에 분노한 아버지가 매질을 가했으나 삐뚤어진 그의 행실은 멈추지 않았다. 자식을 이기는 부모 없다 했던가. 결국 그의 아버지는 '밭 때문에 농사를 망쳤다.'면서 유자광을 포기했다. 태어나지 말아야 할 자신을 한탄해도 소용없는 일. 방황하던 그의 시선이 사회 제도에 꽂혔다.

"내가 잘못한 것은 없다. 그렇다면 부모? 아니다. 더더욱 어머니는 아니다. 이 세상이 잘못된 거다."

고민을 하면 할수록 더 깊은 고민의 심연으로 빠져들었다.

"세상이 잘못되었으면 뒤집어 엎어야 한다. 엎으면 차별 없는 새 세상이 올 수도 있다. 헌데, 나에게 그런 힘이 있나?"

유자광은 계란으로 바위치기라는 현실 앞에 절망했다.

"그렇다면 순응하는 게 길이다. 그것도 남들보다 더 적극적으로 순응해야 한다. 그게 출생의 약점을 딛고 일어설 수 있는 나의 길이다."

마음을 다독여 보았지만 갈피를 잡지 못했다.

"내게 주어진 운명에 순응한다면 어디에 발을 담가야 출세할까?"

곰곰이 생각해보았다.

"태조대왕은 고려의 무인으로 역성혁명에 성공했다. 태종대왕은 사병을 이끌고 왕자의 난을 성공시켜 집권했다. 주상 역시 계유정난으로 왕위에 올랐다. 예측 불가능한 혼란의 시대에는 군인이 답이다."

5.16쿠데타 후, 군사독재 시절, 육사 출신이 대통령과 장차관 등 고위직을 대량 배출하자 육군사관학교가 높은 인기를 누렸던 것이 공연한 사회현상이 아니다.

미래가 불투명할 때는
군대가 답이다

마음을 다잡은 유자광은 자원입대하여 갑사^{甲士}에 들어갔다. 의흥위에 속한 정예부대로 말과 군장을 스스로 준비해야 하고 종자^{從者}까지 데리고 들어갈 수 있는 특수부대다. 때문에 가난한 집 자제들은 엄두도 내지 못하고 지배층 자녀들이 선호하는 부대다. 시대가 바뀐 현대에도 '꽃보직'으로 알려져 경쟁이 치열한 부대가 있다. 평소에는 페라리나 그랜드체로키를 타고 다니다 면접에서 '코너링이 좋다'는 평가를 받아 빈축을 산 부대다.

갑사에도 궁궐을 숙위하는 경갑사^{京甲士}와 국경을 수비하는 양계갑사^{兩界甲士}가 있었고 호랑이가 출몰하여 백성들에게 피해를 입을 때 출동하는 착호갑사^{捉虎甲士}가 있었다. 체격이 좋은 유자광은 경갑사에 선발되었다. 오늘날 101경비단이나 수방사처럼 궁궐 경비를 임무로 하는 부대다. 대궐을 지키는 특수부대다 보니 의장대를 뽑는 것처럼 준수한 장정 중에서 선발했다. 체격은 기본이다.

유자광이 처음 배치된 곳은 경복궁 건춘문. 한양 도성에 4대문이 있듯이 경복궁에도 4대문이 있다. 남쪽의 광화문, 북쪽의 신무문, 서쪽의 영추문, 동쪽에 있는 문이 바로 건춘문이다.

그가 남원으로 내려가 있을 때 이시애의 난이 발발했다. 한양과 삼남 인재를 중용하는 세조의 지역차별이 곪아 터진 것이다. 그는 즉각 상서를 올렸다.

"신이 하번하여 남원에 있어 이시애의 난을 늦게 알게 되었습니다. 식사하다가 수저와 젓가락을 버리고 상서를 올립니다."로 시작하는 그의 글은 격정으로 가득 차 있었다.

"장수가 된 자가 죽고 사는 것을 두려워하여 진격하지 않는다는 것은 이해할 수 없습니다. 여름철이라 비가 많이 오고 활의 성능이 떨어져 싸울 수도 없다는 것은 말이 안 됩니다. 우리에게만 여름이 오고 적당들에게는 여름이 오지 않습니까? 손자병법에서 말하기를 '병문졸속 미도교지구야兵聞拙速 未覩巧之久也'라고 했습니다. 전쟁을 오래 끌어 국가에 이로울 것은 하나도 없습니다. 바로 지금 우리에게 필요한 것은 신속함뿐입니다. 오로지 속전속결速戰速決입니다. 신은 비록 미천하더라도 전장에 나아가 이시애의 머리를 바칠 수 있기를 원합니다. 전하께서는 신이 미천하다 하여 폐하지 마소서."

스스로 미천한 신분이라고 밝힌 상서는 격렬했다. 장장 750자에 이르는 장문의 상서는 타이밍이 절묘했다. 손에 피를 묻히고 등극한 수양대군. 조카 단종을 몰아내고 왕위에 올랐으나 정통성 시비의 늪에서 헤어나지 못하던 임금의 마음을 흔들기에 부족함이 없었다.

계유정난 그 자체는 왕권회복이라고 자위했다. 동생 안평대군과 금성대군을 죽이고 사육신을 도륙했지만 도전 세력은 도처에 깔려 있었다. 이징옥에 이어 이시애의 난이 터졌다. 평생 동지라고 여겼던 한명회와 신숙주마저 연루됐다. 앞뒤에 적이 있는 것 같고 자객의 그림자가 침소에 어른거리는 것만 갔았다. 좌숙주라 일컫던 신숙주를 의금부에 가두고 우명회라 불렀던 한명회를 가택연금 했지만 불안하다.

집권 13년차, 노심초사 살얼음판을 걸어왔는데 함길도에서 반란이 일어났다. 관군을 투입했지만 치고 빠지는 반란군에게 고전을 면치 못하고 있다. 이때, 뻔한 얘기지만 적당을 빨리 제압하는 것이 상책이라며 자원하는 젊은이가 글을 보내왔다. 평시 같으면 귀담아 들을 얘

깃거리도 안 된다. 하지만 세조가 제일 약해져 있을 때 날아온 상서는
임금의 마음을 흔들었다.

편지 한통으로
인생을 바꾼 사람들

　23살 처녀가 어머니를 흉탄에 잃고 우울한 나날을 보내고 있을
때, '육영수 여사가 꿈에 나타나 도와주라 했다.'는 편지 한 통은 박
근혜의 마음을 후리기에 부족함이 없었다. 유자광의 상서와 최태민의
편지. 격은 다르지만 유자광과 최태민의 글은 타이밍을 관통했다는
면에서 일맥상통 한다. 도승지 윤필상을 불러 유자광의 글을 읽어보
게 한 세조는 혼잣말처럼 다짐했다.
　"내 뜻에 매우 합당한 이 글을 쓴 자는 기특한 재목이다. 진실로 진
정성이 보인다. 내 장차 이 자를 임용하여 그 옳은 뜻을 시행하리라."
　서자로 태어나 별볼일 없던 유자광의 인생이 바뀌는 순간이었다.
직책도 없는 일개 졸병이 장수長帥를 거론하며 망발을 떨었으니 불려
와 곤장을 맞아도 싸다. 도전은 타이밍이다. 등반가가 에베레스트를
정복하려면 시기를 잘 선택해야 한다. 아무 때나 오르면 능력 있는 등
반가라 하더라도 목숨을 잃을 수 있다. 유자광은 적절한 타이밍에 편
지를 보냄으로써 세조의 마음을 흔든 것이다. 세조는 유자광을 편전
으로 불렀다.
　"이시애를 토벌할 책략을 말해 보거라."

"전략이고 전술이고 필요 없습니다. 신에게 정병 3백을 주시면 이시애의 목을 베어 바치겠습니다."

"이시애의 목을 따오겠다고?"

"네, 전하!"

"으하하하, 그대의 기개가 마음에 드는구나."

"성은이 망극하옵니다."

"오늘은 절세의 신하를 얻었으니 기쁜 날이다. 주안상을 들여라."

하사주를 내려준 세조는 유자광에게 겸사복兼司僕을 제수했다. 파격이다. 겸사복은 왕의 신변보호를 전담하는 친위병이다. 믿음직스러우니 곁에 두고 싶다는 또 다른 표현이다.

행운의 여신이 유자광의 손을 들어 주었을까? 유자광의 책략이 빛을 발해서 그랬을까? 이시애의 난은 3개월만에 진압되었다. 변방의 난을 평정한 세조는 유자광을 병조정랑에 앉혔다. 품계는 낮지만 삼사三司 관원의 임명에 동의할 수 있는 통청권通淸權과 무인들의 인사권을 행사할 수 있는 요직이다. 헌데, 문제는 엉뚱한 곳에서 터졌다. 지평 정효항이 사헌부 의견이라며 제동을 걸고 나선 것이다.

"유자광은 유규의 얼자인데 종군하는 데 작은 공로가 있다고 하여 병조정랑에 임명하는 것은 적절하지 않다고 생각합니다. 뿐만 아니라 다른 관직도 유자광에게 합당할 만한 것은 없습니다."

신분이 다른 얼자를 같은 물에서 놀게 할 수 없다는 것이다.

"너희들 가운데 유자광 같은 자가 몇 사람이나 되느냐? 나는 절세의 인재를 얻었다고 생각한다. 다시 말하지 말라."

간원들의 돌직구에 한 방으로 응수했다. 이로서 서얼이 육조의 낭관郎官에 임명된 최초의 사례가 되었다.

벼락출세도
능력

유자광에 대한 세조의 총애는 식을 줄 몰랐다. 평소 피부병을 앓고 있던 세조는 팔도의 온천을 즐겨 찾았다. 세조 14년 2월 15일, 세조가 죽던 해다. 온양 온천 거동에 나선 세조는 유자광을 총통장으로 대동했다. 왕이 지방에 거둥하면 갑사는 갑주^{甲冑}를 갖추고 활을 차고, 별시위는 활과 칼을 차며, 총통위는 칼을 차고 총통을 가지고 호종한다. 유자광에게 중무장 호위군을 이끌고 따르라 한 것이다.

온양에 도착한 세조는 온양 온천을 찾은 기념으로 별시를 준비하라 명했다. 유자광을 염두에 둔 특별 시험이다. 조선시대 과거제는 문·무 양과가 있었다. 문과에는 생원·진사과와 잡과가 있다. 생원·진사과는 소과라 하여 15세 이상인 자가 응시할 수 있었고 합격하면 성균관 입학 자격을 주고 하급관리로 채용할 수 있었다.

대과에는 성균관 출신과 소과 합격생이 응시할 수 있었는데, 일반적으로 식년시^{式年試}라 하여 3년에 한 번씩 실시하였다. 별시는 아직 과거를 통과하지 않은 유자광에게 혜택을 주려는 배려였다.

시험을 주관한 신숙주가 합격자 명단을 임금에게 올렸다.

"어찌하여 유자광을 합격시키지 않았는가?"

"고어^{古語}를 너무 많이 전용하였습니다."

정통 학문을 수학한 자의 답안이 아니라는 것이다. 학문이 짧으면 그것을 만회해보려고 인용하는 고전이 많을 수밖에 없다.

"비록 고어를 썼다 하더라도 묻는 것에 합당하면 상관할 필요가 없지 않은가?"

"문법 또한 맞지 않습니다."

"의리에 해로울 것이 없으니 합격시키도록 하라."

왕명이다. 결과는 유자광 1등, 유상과 정현조 2등, 이평 3등으로 발표되었다. 서얼로서 과거에 나아갈 수 있는 자격조차 없던 유자광이 과거 급제 1등을 먹은 것이다. 세조는 그를 즉시 병조참지에 제수했다. 정3품 당상관으로 오늘날 국방부 실국장급이다. 그의 나이 29세, 상서를 올린 것으로부터 8개월, 그야말로 벼락출세다.

이시애의 난은 훈구대신들에게 편향되어 있던 세조에게 세력 재편의 빌미를 제공했다. 공신들은 동지로서 가치를 공유했던 존재였지만 세력이 비대해지는 것은 경계의 대상이었다.

권불십년이라 했던가? 목숨을 걸고 계유정란에 성공한 공신 그룹의 부패가 곧 사회문제로 대두되었다. 한명회의 집에 뇌물 수레가 끊이지 않았고 홍달손, 양정 등 무인 그룹의 기세가 하늘을 찔렀다. 더욱이 주인의 세도를 믿고 하늘 높은 줄 모르고 날뛰는 노복들의 행패는 백성들의 눈살을 찌푸리게 했다. 이를 견제하기 위하여 기용한 것이 소장그룹이다.

이시애의 난을 평정한 세조는 구성군 이준과 남이를 발탁했다. 세종대왕의 넷째 아들 임영대군의 아들 구성군은 27세의 나이에 영의정, 태종의 넷째 딸 정선공주의 손자 남이는 28세에 병조판서에 올랐다. 약관 20대에 오늘날 국방부장관에 해당하는 병판, 유례가 없는 파격이다.

계유정난을 성공시킨 수양대군, 그는 말랑말랑한 군주가 아니다. 그가 허를 찌르는 인사를 단행한 것이다. 한강에 압구정을 짓고 여유를 부리던 한명회와 신숙주 등 훈구대신들은 긴장하지 않을 수 없었다. 허나, 거기까지였다.

절대강자가 사라진
권력의 공백기

훈구대신들의 간담을 서늘하게 했던 세조가 세상을 떠났다. 조관들은 백의로 갈아입고 슬퍼했지만 백성들은 마음으로 박수를 쳤다.

"조카의 왕위를 찬탈한 놈, 잘 뒈졌다."

백성들은 속으로 환호했지만 내색할 수는 없었다. 낌새를 들키면 포청에 끌려가 치도곤을 당한다. 기쁨을 감추려는 표정 관리가 이렇게 어려운줄 예전엔 몰랐을 것이다.

해양대군이 즉위했다. 예종이다. 예종은 세자 시절부터 남이를 달가워하지 않았다. 자신은 말도 잘 타지 못하는데 남이는 무예에 뛰어났다. 자신은 일처리가 매끄럽지 못한 데 남이는 매사에 능하고 부왕의 신뢰가 두터웠다. 열등감을 느낀 예종은 남이를 시기하고 질투했다. 이런 틈새를 파고든 것이 주군을 잃고 입지가 불안정해진 유자광이다.

白頭山石磨刀盡 백두산 돌은 칼 갈아 없어지고
豆滿江波飮馬無 두만강 물은 말을 먹여 말랐네
南兒二十未平國 사나이 스물에 나라를 미평하면
後世誰稱大丈夫 후세에 그 누가 대장부라 하리오

태종의 외손자이자 권남의 사위였던 남이가 여진을 물리친 후 두만강가에서 읊었다는 시다. 그는 호방한 성격에 두주불사^{斗酒不辭}. 마음대로 행하고 생각나는 대로 말하는 영혼이 자유로운 사람이다.

만주 벌판을 말달리던 민족의 후예여서 그럴까. 두만강은 사나이

가슴을 뛰게 하는 강이었다. 4군과 6진을 개척한 백두산 호랑이 김종서 장군도 비슷한 시를 읊었다.

백두산에 기를 꽂고 두만강에 말을 씻겼다
썩어빠진 선비들아 우린 아니 대장부더냐
어떻든 누가 먼저 기린각에 화상을 걸을꼬

각설하고, '남아이십미평국南兒二十未平國'이라는 시구가 훈구대신들의 심기를 자극했다. 그렇잖아도 벼르고 있었는데 '흑심이 있지 않느냐?' 하는 것이다. 즉각 태클이 들어왔다. 그렇다고 당하고만 있을 남이가 아니다. 하지만 용기는 있어도 힘이 부족했다. 기름장어 같은 훈구대신들을 한 방에 잡을 이 시대 최고의 꾀주머니는 누굴까?

주변을 살펴보았다. 마땅한 사람이 없었다. 그때 편지 한 장으로 세조를 홀린 유자광이 생각났다. 그때부터 남이는 유자광을 찾아 두 살 차이지만 형이라 부르며 탐색에 들어갔다. 유자광 역시 탐색의 대상으로 자신을 내어주지만은 않았다. 그 역시 남이를 간봤다.

예종 즉위년 10월 24일. 땅거미가 내리는 으스름 저녁, 유자광이 승정원에 나아가 입직하는 승지 이극증과 한계순에게 고했다.

"전하께 급히 계달할 일이 있소이다."

"용건을 말하시오."

"중요한 일이라 직접 말씀드려야 합니다."

서로 얼굴을 쳐다보던 이극증과 한계순이 유자광을 데리고 합문 밖에 나아가서 승전 환관 안중경으로 하여금 아뢰게 하였다.

"들라 이르라."

유자광이 혼자 들어가 부복했다.

"무슨 일이냐?"

"남이가 역모를 꾀하고 있습니다."

"뭣이라고?"

"네. 역모입니다."

"정말이냐?"

"예, 전하!"

"거짓이면 네 목이 열 개라도 부족하다는 것은 알겠지?"

"네, 전하!"

"말해 보거라."

"남이가 신의 집에 와서 말하기를, '혜성이 나타나면 병란兵亂이 있다. 어젯밤 혜성이 없어지지 않은 것으로 보아 반드시 응應함이 있을 것이다. 선왕에 대한 백성의 원망이 깊으니 기회를 잃을 수 없다. 내가 거사하고자 하는데 수강궁은 비좁아서 불편하고 경복궁이라야 좋을 것 같아 내가 전하를 경복궁으로 옮기게 할 것이다.' 라고 말하기에 신이 술을 대접하려고 하였더니 이미 취했다며 마시지 아니하고 가면서 '나는 호걸이다.' 라고 하였습니다."

"틀림없으렷다."

"네, 전하!!"

"남이를 잡아들여라."

입직 사복장司僕將 거평군 이복이 군사를 거느리고 튀어나갔다. 나장들의 발바닥에 불이 붙은 시간, 승정원으로 하여금 신표를 내주어 밀성군 이침, 덕원군 이서, 영순군 이부, 우참찬 윤필상을 불러들이라 명했다. 더불어 정인지, 신숙주, 정현조, 한명회, 정창손, 심회, 박원형, 조석문, 김국광, 박중신, 조득림, 노사신, 신승선과 승지, 주서, 겸사복, 선전관이 입시했다. 남이가 포박돼 끌려왔다. 예종이 남이를 직접 심문했다.

"요사이 어떤 사람을 만났느냐?"

"신정보를 만났습니다."

"무슨 말을 하였느냐?"

"북방의 일을 의논하였고 달리 말한 것은 없습니다."

"문치빈을 언제 만나보았느냐?"

"신이 상소를 초하는 데 문치빈으로 하여금 교정하게 하였을 뿐이고 다른 말을 한 것은 없습니다."

"어제 오늘 중에 만난 사람은 누구이냐?"

"오늘 이지정 집에 가서 바둑을 두다가 '북방에 일이 있으면 반드시 나를 장수로 삼을 것인데 누구에게 부장을 맡기면 좋겠는가?' 하니, 이지정이 '민서나 김견수가 좋다.'고 하여 술을 한잔 마시고 나왔습니다. 돌아오는 길에 유자광 집에 들러 이야기하다가 곁에 있는 책상에 별자리에 대한 책이 있기에 혜성에 대한 얘기를 나누다가 돌아왔습니다."

원하는 답이 나오지 않자 재상에게 형문하게 하였으나 만족할만한 자백은 나오지 않았다. 지켜보던 예종이 남이와 유자광의 대질을 명했다. 유자광이 등장하자 남이가 머리로 땅을 치며 통곡했다.

"유자광이 신을 무고한 것입니다."

남이가 한명회, 김구광 등 훈구대신을 죽이고 임금을 바꾸려 한다는 유자광의 고변은 태풍을 몰고 왔다. 문무백관이 얼어붙고 인간과 인간 사이가 살얼음판이다. 말 한마디에 죽고 사는 것이 결정된다. 살벌한 권력의 정글이다. 의금부에 하옥된 연루자들은 모진 고문을 당했다.

창덕궁 숭문당 앞뜰에서 국문이 열렸다. 중신과 종친, 승지, 대간,

사관이 입시하였다. 고문으로 다리가 부러진 남이가 연루자들과 함께 끌려나왔다.

"왜 반역했느냐?"

"소신의 가슴엔 충성이란 단어밖에 없습니다."

"반역한 이유가 무엇이냐?"

"반역을 꾸미지 않았는데 무슨 이유가 있겠습니까?"

화가 난 예종이 고개를 돌렸다. 주시하고 있던 위관委官이 '실시'라고 소리쳤다. 순간, 살이 타고 뼈가 부스러지는 소리가 진동했다. 고통을 참지 못한 남이가 큰 소리로 울부짖었다.

"내가 자복하지 않은 것은 몸을 보전하여 훗날 공을 세우기 위함이었는데, 정강이가 부러져 이제 병신이 되었으니 살아서 무엇을 하겠소이까. 한잔 술을 주시면 모든 걸 다 말씀드리겠습니다."

"술을 내려 주거라."

어사주다. 영광의 선온宣醞이 아니라 죽음의 하사주다. 술을 벌컥벌컥 들이킨 남이가 하늘을 쳐다보았다.

"왜 말이 없느냐?"

"묶은 끈을 늦추어 주시면 죄다 말씀 올리겠습니다."

온몸을 옥죄던 오랏줄이 느슨해졌다. 하늘을 우러러 긴 호흡을 가다듬던 남이가 입을 열었다.

"신이 정말로 반역을 꾀하고자 하였습니다."

거두절미, 짧고 굵은 답변이다. 무릎을 망가뜨리는 압슬형壓膝刑을 준비하고 있던 나장들은 맥이 풀렸다. 바닥에 사금파리를 깔고 무릎을 꿇게 한 다음 무거운 돌을 올려 무릎을 짓누르는 무서운 형문刑問이다.

"틀림없으렷다."

"네, 유자광이 한 말이 모두 옳습니다."

"참이냐?"

"네. 전하!"

남이의 눈자위에 이슬이 맺혔다.

"죽어도 괜찮으냐?"

"신이 복이 적어서 이 지경에 이르렀습니다. 죽음을 내리소서."

"이 자를 환열轘裂하라."

의금부 앞 광장에 백성들이 모여들었다. 억울하게 죽어가는 사람도 사람들에겐 구경거리다. 남이, 강순, 조경치, 변영수, 변자의, 문효량, 고복로, 오치권, 박자하의 손목과 발목에 밧줄이 걸리고 우마차가 끌었다.

사지가 찢어지는 소리와 함께 광장은 피바다가 되었다. 거열車裂형이다. 머리는 숭례문 밖에 7일 동안 효수되었다. 유자광의 고변으로 촉발된 '남이옥사'로 남이를 비롯한 25명의 무신이 목숨을 잃었다. 그것도 모자라 남이의 어머니까지 국상 중에 고기를 먹었다는 구실을 붙여 환열에 처했다.

유자광이 판세를 읽고 남이를 제거하는 편에 붙은 결과였다. 세조의 총애를 받았던 신진 무신세력은 임금이 살아 있을 때는 승승장구 치고 올라갔지만 세조의 죽음으로 끈 떨어진 갓 신세다. 공신세력은 부정부패로 백성의 원성을 사고 있지만 10년 이상 권력을 쥐고 흔든 경험과 힘이 있다. 어디로 붙을 것인가? 답은 훈구대신이라고 유자광은 판단한 것이다.

'남이옥사'로 공을 인정받은 유자광은 익대공신 1등에 책록되었고 무령군 자헌대부에 봉해졌다. 덤으로 남이가 살던 집을 내려 받고 강순의 아내 중비와 민서의 첩의 딸 민말금을 하사받았다.

역사는 사실^{史實}에 가려 있는 진실 찾기 게임

역사는 승자의 기록이다. 사실事實은 사실史實의 행간에 숨어 있다. 진실眞實찾기 게임이다. 고로 역사는 변화變化한다. 나라를 위한 우국충정이었다는 이완용의 변이 실은 매국이었다는 실증적 역사로 인식되고, 일본의 한반도 지배를 정당화했던 식민지 역사가 민족을 말살하는 침략이었다는 역사로 제자리를 찾는 것이 바로 역사적 변화다. 민생고를 해결하겠다고 반란을 획책한 5.16혁명이 헌정 질서를 파괴한 반민주적 쿠데타로 자리매김하는 것 또한 같은 맥락이다.

'남이옥사' 사건은 유자광의 세도가 살아 있을 때까지는 남이의 역모사건으로 규정되었지만 그의 입김이 사라진 임진왜란 이후부터는 유자광의 날조사건이라고 〈연려실기술〉에 기록하고 있다.

그런 영향을 받아서인지는 모르지만 남이는 무속인이 좋아하는 인물이다. 우리 일상에 뿌리내린 무속신앙은 잡신을 모신다. 영웅호걸도 성군도 아니다. 억울한 죽음을 당한 사람들이다. 그 중에 가장 영험한 신으로 최영 장군, 남이 장군, 임경업 장군이 꼽힌다. 비참한 죽음을 당한 원귀冤鬼들이 한맺힌 자들의 억울함을 풀어주는 능력이 있어서인지 모르겠다.

유자광이 비빌 언덕으로 선택한 예종이 갑자기 죽었다. 등극 13개월만이다. 때문에 독살설이 파다했다.

당시의 세력 판도를 복기해보자. 수양대군이 친위쿠데타를 일으켜 등극했다. 세조다. 세조는 정희왕후와 사이에 도원군과 해양대군, 그리고 의숙공주를 두었다. 맏아들 도원군이 세자로 있다가 젊은 나이에 요절하자 둘째아들 해양대군을 세자로 삼았는데, 권력욕이 남다른 한명회가 그의 셋째 딸을 세자빈으로 들여보냈다. 정략결혼으로 세자빈이 된 한명회의 딸은 왕비 자리에 올라가보지도 못하고 세자빈으로 죽었다. 슬하에 인성대군이 있었으나 그마저도 일찍 죽었다. 헌데, 갑자기 예종이 죽었다. 권력공백 상태.

이때 발 빠르게 움직인 사람이 인수대비다. 장래가 보장된 세자빈이었으나 지아비 도원군을 잃고 사가로 밀려나 있던 인수대비는 한명회와 결탁하여 둘째 아들 자산군을 왕위에 밀어 올렸다. 성종이다. 서열 1순위 제안대군, 2위 월산대군을 제친 파격이다.

고변의 대가에게
고변으로 맞불을 놓은 수하, 한 방에 가다

1471년 3월, 자산군이 즉위했다. 성종이다. 계유정난으로부터 18년, 한명회와 신숙주를 포함한 훈구대신들이 정난공신, 좌익공신, 익대공신, 좌리공신 반열에 올랐고 그들의 2세 3세들도 공신록에 이름을 올렸다. 5.16으로부터 10.26까지 박정희 18년, 그 후 전두환 노태우 군부독재 10년. 정의롭지 못한 정권의 부역자들이 권세를 누리고 2세 3세까지 부귀영화를 누리는 것과 별반 다르지 않다.

왕조가 바뀌면 위기에 처하는 사람이 있고 기회를 잡는 사람이 있다. 유자광에겐 위기가 먼저 찾아왔다. 성종 즉위년, 왕조가 바뀌었지만 임금이 어린 관계로 세조의 왕비인 대왕대비 정희왕후가 수렴청정하고 있을 때, 유자광에게도 시련이 닥쳐왔다. 유자광이 역의逆意를 품고 있다고 박성간이 고변한 것이다. 고변의 대가에게 고변으로 맞불을 놓은 박성간은 유자광의 수하手下였다.

"유자광이 '간밤에 해가 떠오르는 꿈을 꾸었는데 쏘아 맞혔더니 해가 떨어졌다. 남이가 어리석어 실패했지만 발설하지 않고 거사했더라면 성공하였을는지 모른다. 내가 군사 3~40인을 거느리고 밤을 틈타 우두머리를 먼저 제거하면 누가 항거하겠나?'라고 하였습니다."

깜짝 놀란 정희왕후는 내금위장 김관에게 명하여 유자광을 잡아오게 하여 의금부에 하옥했다. 하지만 옥에 갇혀 목을 늘어뜨리고 죽을 날만 기다리고 있을 유자광이 아니다. 감방에 우두커니 앉아 있을 때, 옥졸이 붓과 먹을 가지고 지나갔다. 그는 옥졸을 유인하여 완력으로 붓을 빼앗았다.

"네가 나에게 붓을 빼앗겼으니 너 또한 벌을 받게 될 것이다."

"살려 주십시오."

"네가 살려고 하면 죽을 것이고 죽기로 작정하면 살 것이다."

"방법을 가르쳐 주십시오."

"네가 붓을 빼앗긴 것은 엎질러진 물, 다시 주어 담을 수 없다. 그러니 나에게 먹과 종이를 가져 오너라. 내가 상서를 써 옥에서 나가게 되면 너는 살 것이고 그렇지 않으면 너는 바로 옆방에 하옥될 것이다."

겁에 질린 옥졸이 먹과 종이를 가져왔다.

"신이 별로 재능이 없는데도 세조대왕의 은혜를 입어 지위가 1품에 이르렀습니다. 신이 국은을 입은 것이 이에 족하니 이 한몸 죽어도 아까울 것이 없습니다마는 지하에 돌아가서 이 원통함을 어떻게 풀겠습니까? 신으로 하여금 원통함을 품고 죽음에 이르지 않도록 해주소서. 신이 갇힌 가운데에 있어 어찌할 바를 몰라 눈물을 흘리면서 지극한 마음으로 올립니다.”

마음이 흔들린 정희왕후는 박성간을 문초해 진위를 밝히라고 명했다. 장 60대를 얻어맞은 박성간이 실토했다. 결과를 보고 받은 정희왕후가 유자광을 불러들였다.

“가죽신 2켤레를 만들지 못했다는 이유로 그대로부터 매를 맞은 것에 앙심을 품고 말을 만들어 고한 것이라는 자백을 받았다. 나의 잘못이다. 나를 허물하지 말라.”

유자광은 석방되었고 박성간은 극형에 처해졌다. 기사회생이다.

시험대에 오른 유자광, 원로 훈구대신을 정조준하다

13세 어린나이에 왕위에 올라 할머니 정희왕후의 수렴청정을 받은 성종은 7년만에 친정 체제를 갖추고 김굉필, 김종직 등 사림파를 중용하며 훈구파를 견제하기 시작했다. 이런 틈바구니에 낀 유자광은 스스로 살길을 모색할 수밖에 없었다.

시험대에 오른 유자광은 성종이 훈구대신들과 힘겨루기를 하고 있다는 것을 간파하고 임금의 편에 서서 실세 한명회를 탄핵하고 나섰다. 동물적인 감각이다.

“한명회가 대왕대비의 수렴청정을 거두는 것은 시기상조라고 했는데 이런 망발이 어디 있습니까? 신은 이 말을 듣고 분하여 견딜 수가 없었습니다. 대간이 이를 논박해야 할 텐데 꿀먹은 벙어리처럼 아무

소리 못하고 있고 조정의 신하들도 말하는 사람이 하나도 없습니다. 이는 한명회가 권세에 오랫동안 있으면서 사람들이 그 권문에서 나온 이가 많아졌으므로 그 위세에 눌려서입니다. 법이 한 번 흔들리게 되면 인심이 흔들리게 되고, 인심이 흔들리게 되면 조정이 흔들리게 되고, 조정이 흔들리게 되면 나라가 흔들리게 됩니다. 지금은 전하께서 대왕대비로부터 정사를 돌려받아 처리하는 초기입니다. 한명회를 왕후의 아버지라고 하여 죄를 가볍게 다스리지 마소서. 신은 미천한 몸으로 출사하였으나 법은 바르다는 것을 믿고 있기에 처벌을 무릅쓰고 감히 제 뜻을 올립니다."

유자광은 거함 한명회에게 들이댔다가 동래로 유배되는 굴욕을 겪었으나 성종에게는 의미 있는 눈도장을 받았다. 성종을 뒷배로 한 정치적 모험은 절반의 성공이었다. 동래에 유배된 유자광은 함양으로 이배되었다가 곧 풀렸다. 하지만 그를 주류 세계에 들여놓지 않으려는 세력의 공격은 멈추지 않았다.

첫 일합은 유자광이 남이의 집을 하사받은 것으로부터 시작되었다. 사림파들은 유자광이 남이를 무고하고 집까지 빼앗았다고 공격했다. 그가 도총관을 제수받았을 때는 대사헌 김영유와 영부사 김질이 첩의 자식을 도총관으로 삼을 수 없다며 탄핵했으나 성종의 비호를 받으며 도총관에 올랐다. 집의 김승경과 사간원 윤민이 집요하게 물고 늘어졌음에도 비켜나갔다. 벌떼 같은 간원들의 공격에 유자광이 사직을 청했으나 성종은 반려했다. 유자광이 임사홍과 패당이 되어 파당을 만들고 횡포를 부린다는 간원들의 집중포화를 맞고 동래로 유배되었지만 노모 곁에 있게 해달라는 상소가 효력을 발하여 남원으로 이배되었다가 3년만에 녹권을 돌려받고 공신 적籍이 회복되었다. 직첩도 돌려받았다.

성종은 오히려 어사주를 내려주며 위로했다.

간원들은 부글부글 끓었다. 사헌부 장령 허황, 대사헌 채수, 사간원 정언 박경, 지평 조위가 직첩 환급은 부당하다고 들고 일어났다. 성종은 외면했다.

1485년(성종 14) 한명회가 정계를 은퇴하고 압구정에 칩거하자 유자광이 기지개를 켜기 시작했다.

사실 유자광에게 한명회는 넘을 수 없는 벽이었다. 한명회가 압구정에 유유자적하고 있기는 했지만 정사를 완전히 끊은 것은 아니었다. 한명회를 추종하는 세력들은 뻔질나게 압구정을 드나들었으며 명나라 사신도 어김없이 들르는 코스가 되었다.

유자광은 한명회가 살아 있는 한 정면 승부를 피하고자 했다. 유자광은 시선을 대륙으로 돌렸다. 1486년 정조사^{正朝使}로 명나라를 다녀온 것을 필두로 그 이듬해 홍치제 등극축하 사절단을 이끌고 연경을 다녀왔다.

피비린내 나는 참극, 무오사화^{戊午史禍}

성종이 죽고 연산이 등극했다. 임금이 죽으면 실록청을 설치하고 사초^{史草}를 모아 실록을 편찬한다. 이극돈이 총재관 어세겸에게 실록 편찬 작업에 참여한 김일손이 그의 스승 김종직의 조의제문을 사초에 끼워 넣었다고 고해바친 일이 유자광 귀에 들어왔다.

연산군의 나이 열여덟, 유자광 55세. 자신의 존재감을 알리고 싶었던 때 마침 절호의 찬스가 왔다. 기회를 이용하는 데 동물적인 감각을 가지고 있는 유자광이 놓칠 리 없다. 찬스의 귀재 유자광의 뇌리를 스치는 것이 있었다. 학사루.

경상도 관찰사를 역임할 때 함양을 방문했던 그는 대관림을 바라보며 소고대를 유람하고는 학사루에서 시를 읊고 그 시를 정자에 걸어놓도록 했는데, 그 뒤에 고을 원님으로 부임한 김종직이 '유자광이 무엇이기에 감히 이따위 시를 현판으로 건단 말이냐?'라고 하며 떼어내 불살라 버렸던 일이 있었다. 한마디로 근본도 없는 놈이 건방지다는 것이다.

1498년(연산 4) 7월. 어전회의가 열렸다. 삼복더위가 지났지만 아직 잔서殘暑가 남아 있는 빈청. 유자광이 긴소매 속에서 책 한 권을 꺼냈다. 김종직의 문집이었다. 유자광은 문집 가운데 조의제문과 술주시述酒詩를 여러 대신들에게 두루 보이며 입을 열었다.

"'정축년 10월 어느 날 밀양에서 경산으로 가다가 답계역에서 잠깐 잠이 들었는데, 꿈에 신이 나타나 말하기를 '나는 초나라 회왕의 손자 심心인데 패왕에게 살해되어 빈강에 잠겼다.'라고 현몽하니 이것이 무슨 감응일까? 역사를 상고해 보아도 강에 잠겼다는 말은 없으니 항우가 사람을 비밀리에 죽여 시체를 물에 던진 것은 아닐까? 이러한 일이 어찌 옛적에만 있고 지금은 없을 손가? 그러기에 나는 삼가 글을 지어 회왕을 조문하노라.' 지금 읽어드린 글은 김일손이 사초에 끼워넣은 김종직의 조의제문弔義帝文이오. 이는 불경스럽게도 세조 임금을 지목한 것이오. 김일손의 악은 모두가 김종직이 가르쳐서 이루어진 것이라 아니할 수 없습니다."

목소리를 높인 그는 주석을 붙여 왕으로 하여금 알기 쉽게 풀이한 다음 말을 이어갔다.

"김종직이 우리 세조 임금을 저훼誣毁함이 이에 이르렀으니 그 부도한 죄는 마땅히 대역으로 논해야 할 것이며 그가 지은 글도 세상에 유전하는 것이 마땅치 못하오니 다 거두어들여 불태워 버리소서."

폭탄 주청이다.

"이런 고얀 일이 있는가? 김종직의 문집을 가지고 있는 자는 이틀 안에 자진 납상하여 빈청 앞뜰에서 불태우고 여러 관우館宇에 걸려 있는 김종직의 현판도 모두 철거하도록 하라."

피의 서곡이다. 계유정난에 성공한 수양대군은 조카 단종을 노산군으로 강등하여 영월로 유배를 보냈다. 단종 복위운동이 일어나자 동생 금성대군을 비롯한 연루자들을 죽이고 단종 역시 죽여 동강에 버렸다.

'도둑놈 제 발 저린다 했던가?' 세조를 부정하면 예종도 없고 성종도 없으며 연산 자신도 없다. 모두가 왕위를 찬탈한 역적의 자손이 될 수밖에 없다. 그 정권에 빌붙어 정승 반열에 오른 유자광 역시 부역자가 될 수밖에 없다. 그야말로 목숨을 건 한판 승부가 펼쳐진 것이다.

헌데, 칼자루를 쥐고 있는 것은 임금이다. 칼자루를 쥔 자가 갑甲이다. 김일손을 비롯하여 권오복, 이목, 허반, 권경유는 선왕을 무록誣錄한 죄로 참형에 처해졌고 김종직은 부관참시에 처해졌다.

정여창, 강겸, 이수공, 정승조, 홍한, 정희량은 범죄를 고하지 않은 죄로, 김굉필, 이종준, 이주, 박한주, 임희재, 강백진은 김종직의 제자라는 이유와 조의제문 삽입을 방조한 죄로 귀양을 보냈다. 한편, 공을 인정받을 것으로 기대했던 이극돈과 어세겸은 수사관修史官으로서 문제의 사초를 보고하지 않은 죄로 파면하였다.

사초史草가 발단이 되었다는 사유로 사화史禍라 일컬어지기도 한 무오사화戊午士禍는 성종의 총애를 받아 3사(三司: 사헌부·사간원·홍문관)의 대간직에서 두각을 나타내기 시작한 사림^{士林} 세력을 움츠러들게 하였고, 주류에 편입되지 못하고 변방에 머물러 있던 유자광에게 훈구라는 홀^忽을 쥐어 주었다.

상황 변화에 남다른
'촉'을 가지고 있는 유자광

갑자사화 이후 연산군의 폭정은 극한으로 치달았다. 백성들의 원성은 하늘을 찔렀고 조신들의 인내는 한계점에 이르렀다. 세상을 바꾸기로 결심한 박원종이 유자광에게 접근했다.

고변의 달인 유자광에게 접근하는 것은 위험한 접선이다. 그 위험은 유자광에게도 마찬가지다. 제의를 받는 순간 감시의 대상이 된다. 거절하면 성공 후에는 죽음이다. "누이와 딸 중에 누가 더중한가?"라는 물음에 임금이 비록 포악하나 총명한 세자를 믿는다며 자리에서 박차고 일어난 좌의정 신수근은 신윤무 등에게 수각교에서 죽음을 당했다.

상황 변화의 추이에 남다른 '촉'을 가지고 있는 유자광. 기회 포착의 귀재 유자광. 순발력이 남다르지 않은가. 그는 길게 고민하지 않았다. 자신이 모셨던 연산을 버리고 반정그룹에 줄을 섰다. 수명이 다한 군주는 용도 폐기해도 좋다는 생각이다.

1506년(연산12) 9월. 박원종, 성희안, 신윤무가 군사를 일으켜 임금을 축출했다. 조선 최초의 반정이다. 경복궁을 접수한 반정군은 연산을 강화도 교동에 위리안치시키고 새임금을 옹립했다. 중종이다. 이로부터 신하의 손에 임금이 탄생하는 택군 시대가 열렸다. 임금도 마음에 안 들면 갈아치우는 시대가 도래한 것이다.

중종반정에 편승한 유자광은 정국공신 1등에 책록되었다. 세조 조에 출사하여 예종, 성종, 연산 시대를 거쳐 여기까지 왔다. 이제 다섯 번째 왕조에서도 탄탄대로가 열리는 듯했다.

하지만 한이 맺힌 사림은 그를 무오사화와 갑자사화의 배후로 지목하고 줄기차게 공격했다. 1507년(중종 2) 4월, 그에겐 잔인한 달이다. 지평 이사균이 포문을 열었다.

"유자광은 심술이 간사하여 간계를 부리는 것이 그 본질입니다. 연산 말년에 국가의 위태로움을 보고도 잠자코 있다가 사기事機가 다 정해지게 되자 그때야 따라붙어 1등의 공을 차지하였습니다. 이러한 자는 나라에 도움이 안 되니 먼 지방으로 내쳐서 백성들 마음을 쾌하게 하소서."

이에 정언 박거린이 합세했고, 임금이 움직이지 않자 대간이 합사하여 지원사격에 나섰다.

"유자광은 흉험한 음적陰賊으로 사직을 위태롭게 하는데 어찌하여 곁에 두시려 합니까? 대간에서 하루에도 수십 번 소를 올려 극론하였는데 윤허하지 않으시니 답답합니다. 노간老奸을 길러 화의 근원을 빚어내시기 전에 극형으로 다스려 주십시오."

사태가 심상치 않다고 생각한 유자광은 비밀리에 사람을 보내 박원종에게 서찰을 전했다. 구명 호소다.

"입술이 없으면 이가 시리다는 옛말이 있소이다. 어찌하여 감싸주지 않으시오?"

"사림이 그대에게 이를 간 지 이미 오랜데 어찌 일찌감치 물러가지 않으시오?”

협박성 물귀신 작전에 매몰찬 물 대포 응수다. 유자광에게 답신을 보낸 박원종이 임금 앞에 나섰다.

“대간, 홍문관, 승정원, 예문관과 태학생에 이르기까지 유자광의 일을 논계論啓하는데, 이는 온 나라의 공론이니 들어주지 않을 수 없습니다. 단 자광은 큰 공로가 있으므로 극형에는 처할 수 없으니 멀리 귀양을 보내서 공론을 편하게 하여야 하겠습니다.”

평해로 귀양을 떠난 유자광은 유배지에서 숨을 거뒀다. 아들 유방과 유진, 손자 유승건, 유승곤도 모두 유배되었으며 유방은 스스로 목숨을 끊었다.

유자광의 생애는 도전과 모험으로 점철되어 있다. 유자광의 일생은 파도타기의 연속이라 해도 과언이 아니다. 밀려오는 파도와 부딪혀 엎어지고 넘어졌지만 다시 일어났다. 도처에 적이 깔려 있었다. 주적은 대간大諫이다. 사헌부와 사간원을 아우르는 말이다. 오늘날의 검찰과 국회, 그리고 언론의 역할과 비슷하다.

사사건건 발목을 잡은 대간은 유자광에게 악귀와도 같은 존재였다. 반대로 주류 사대부들에게 유자광은 끼워주고 싶지 않은 이단아였다.

유자광에게 서자庶子라는 멍에는 천형天刑이었다. 권력을 이용하여 얼자를 서자로 신분 세탁을 했지만 거기까지가 한계였다. 그 이상은 하늘이 두 쪽이 나도 안 되는 일이었다. 여자를 남자로 바꾸는 일보다 더 어려운 일이었다. 이러한 환경은 그를 싸움닭으로 만들었다. 적이 나타나면 볏을 세우고 날개를 파닥였다. 생존본능이다. 쪼고 쪼이는 피투성이였지만 물러서지 않았다. 싸움닭의 본질이다.

임사홍

조선팔도의 여자 감별사

임사홍 任士洪 (1445~1506)

세종 27년 태어나 문종, 단종, 세조, 예종, 성종, 연산 시대를 지나
중종 1년에 매 맞아 죽었다.
풍천豊川 임씨.
좌리공신 임원준의 아들이며 효령대군의 아들 보성군 이용의 딸과 혼인하여
아들 임광재, 임희재, 임문재, 임숭재를 두었다.
음보로 출사한 임사홍은 사재감사정을 거쳐 사직에 재직 중
알성문과에 급제하였다.
홍문관 교리, 봉상시 첨정, 홍문관 전한을 역임한 후
이조판서와 병조판서에 오른 후 삼정승 물망에 올랐으나
중종반정 직후 살해된 뒤
20일만에 부관참시를 당했다.

영화 《간신》의 한 장면

조선시대 신분 상승의 지름길은 과거급제와 왕실과 혼인 맺기다. 여기에 극단적인 선택 하나를 추가한다면 체제 전복이다. 전자는 순리順理의 길이고 후자는 목숨을 건 역리逆理의 길이다.

한명회는 역리를 선택한 다음 두 딸을 왕비로 만들었다. 임사홍은 과거에 급제하고 두 아들을 왕실로 장가보냈다. 임숭재와 임광재다. 위계질서를 어지럽힌 것도 닮았다. 한명회는 셋째 딸을 예종에게 시집보낸 다음 넷째 딸을 성종에게 보냈다. 자매가 시집에선 위 아래가 되었다.

임사홍은 맏아들 광재를 예종의 딸 현숙공주, 넷째 숭재를 성종의 딸 휘숙옹주와 혼인시켰다. 사대부들의 부러움을 한몸에 받고 있던 한명회가 당대의 롤 모델이었다. 임사홍 역시 효령대군의 손녀딸에게 장가들었다. 물불을 가리지 않고 왕실에 줄을 댄 것이다. 학문이 깊은 사람이라면 택하지 않을 비뚤어진 욕망이다. 사후에 부관참시를 당하는 것도 닮았다.

출세를 위하여
아들을 버리다

열여덟 젊은 나이에 등극한 연산은 감성이 풍부하고 간섭받기를 싫어했다. 연산은 동궁 시절 공부는 소홀히 했지만 시詩는 좋아했다.

재위 시절 어제시御製詩를 지어 승정원에 내려 보내고 정원政員들로 하여금 훈평을 청하며 교감을 나누기도 했다. 또한 자신의 시에 율이 맞는 답시를 지어 올리라 명했다. 답시答詩가 늦으면 불호령을 내리기도 했다.

재위 12년 동안 신하들에게 내려준 시와 발간된 시가 헤아릴 수 없이 많지만 반정군에 폐위되어 강화 교동으로 위리안치 된 후 모조리 불태워졌다. 불행 중 다행으로 실록에 등재된 시는 삭제할 수 없어 120여 편의 시가 보존되어 오늘에 전한다.

滿苑春色爛艶陽 동산에 가득한 봄빛은 햇빛에 찬란한데
芳風和拂麗新粧 꽃바람이 새로 단장한 옷자락을 나부끼네
濃綠嫩紅繁華地 짙은 녹색 연분홍 번화도 하이
誰奉淸狂竊露香 그 누가 청광淸狂을 위하여 이슬 향기 가져왔나

아름다운 칠언절구七言絶句다. 감성이 없으면 이러한 시를 뽑아 올릴 수 없다. 뿐만 아니라 한시漢詩 중에서도 고난도의 작풍作風으로 일컬어지는 회문고시回文古詩, 즉 위에서 읽거나 아래에서 읽어도 뜻이 통하고 말이 되는 시도 곧잘 지었다. 다음은 연산의 회문고시다.

芳樹吐花紅過雨 아름다운 나무가 꽃을 토하니 붉은 것이 비를 겪고
入簾飛絮白驚風 주렴에 버들개지 날아드니 흰 꽃이 바람에 놀래네
黃添曉色靑舒柳 누른빛에 새벽빛이 겹쳐 푸른 빛 버들에 퍼지는데
粉落晴天雪覆松 분이 청천(晴天)에서 떨어져 눈이 소나무에 덮였네

한 마디로 왕재王才에는 걸맞지 않은 한량이다. 연산이 이 시대에

태어났다면 괜찮은 시인이 되었거나 친구들과 카톡을 잘 했을 것 같은 생각이 든다. 이렇게 영혼이 자유로운 사람이 왕좌^{王座}에 앉아 있으려니 좀이 쑤셨을 것이다. 설상가상으로 할머니 인수대비가 사사건건 간섭하고 부왕 때 훌쩍 커버린 사림^{士林}이 집요하게 발목을 잡았다.

"아니 되옵니다."

성군의 길이라고 간언했지만 귀찮기만 했다.

"아니 되옵니다."

좋은 소리도 자주 들으면 짜증이 나는데, 임금은 "아니 되옵니다."라는 소리를 많이 들어야 하는 직업이다. 하지만 연산은 싫었다. 벼르던 연산이 무오사화를 빙자해 사림을 짓눌러 버렸다. 허나, 사림의 생명력은 끈질겼다. 야생초처럼 밟으면 다시 일어났다. 성장하기 전에 싹을 잘라놔야겠는데 누굴 내세워야 할까? 유자광은 한번 써먹은 인물이다. 물레방아를 돌리려면 새 물이 필요하다.

연산은 권력욕이 남다른 임사홍을 시험해보기로 했다. 임사홍의 둘째아들 임희재를 찍었다. 임희재는 김종직의 문하로 무오사화 때 희생된 사림에게 연민의 정을 가지고 있었다. 아니, 복수의 칼을 갈고 있었다.

연산이 임사홍의 집을 방문했다. 산해진미 가득한 잔치가 벌어졌다. 왕이 신하의 집을 방문했으니 가문의 영광이다. 풍악이 울리고 기생들의 춤사위가 현란하다. 술이 거나하게 취했을 무렵 연산이 자신의 뒤에 펼쳐진 병풍을 가리키며 임사홍에게 물었다.

"글씨가 아름답구려. 무슨 글씨체입니까?"

"송설체^{松雪體}라 하옵니다."

원나라 시대 조맹부가 개발한 송설체는 왕희지 서법을 기반으로 결구가 정밀하고 서체가 아름다운 필법이다. 정의를 지고지선의 가치로 숭상하는 조선 전기 선비들을 사로잡은 로망의 서체로, 임사홍은 당대의 명필이다. 해서楷書도 잘 썼지만 촉체蜀體가 일품이었다.

"글귀가 의미 깊은 문장인 것 같은데, 그대의 목소리로 듣고 싶구려."

임사홍이 목소리를 가다듬었다.

祖舜宗堯自太平 요순을 본받으면 저절로 태평할 것인데
秦皇何事苦蒼生 무슨 일로 진시황은 백성들을 괴롭혔나
不知禍起所墻內 화가 집안에서 일어날 줄은 왜 모르고
虛築防胡萬里城 공연히 오랑캐 막으려고 만리성을 쌓았네

"무슨 뜻이라고 생각하오?"

"요순 시대를 본받아 태평성대를 이루어야 한다는 뜻으로 알고 있습니다."

"누가 쓴 글이오?"

"신의 둘째 녀석입니다."

"뭣이라고?"

술상을 엎어버리고 자리에서 벌떡 일어난 연산이 문을 박차고 나갔다. 격노한 얼굴로 임사홍 집을 빠져 나가는 연산의 옷자락에 찬바람이 일었다. 궁으로 돌아온 연산은 임사홍을 불러 들였다.

"경의 아들이 불충하다는 것은 예전부터 알고 있었으나 형제들을 보아서 살려주었소. 하지만 이제는 용서할 수 없소."

임희재는 무오사화에 연루돼 함길도 종성에 유배되었다가 곧 풀려났었다. 임희재의 제수弟嫂 휘숙옹주의 간청 때문이었다.

"경의 아들을 죽여야겠소."

“망극하옵니다.”

아들을 살리려다 아들을 지키기는커녕 두 사람 목숨이 달아날 수 있다. 신하의 길과 아버지의 길에서 갈등할 수밖에 없었다.

“경의 생각은 어떤가?”

“죽어 마땅합니다.”

아들을 버렸다. 뼈아프지만 충성을 확인하는 기회일 수도 있다. 비정의 극치다. 정치적인 문제로 아들을 죽인 왕은 있었지만 아들을 내놓은 신하는 드물다. 자신이 죽었으면 죽었지 아들을 내놓지 않는 것이 아비의 심정이다. 임사홍은 천륜을 어긴 독특한 캐릭터다.

“게 아무도 없느냐?”

승지 권균이 부복했다.

“그대가 임희재의 능지처사를 감독하고 보고하라.”

의금부에서 끌려나온 임희재는 사지가 찢어지는 능지처참凌遲處斬에 처해졌다.

엄혹했던 군부독재 시절, 고위층 자제가 운동권에 가담해 파문을 일으켰던 일이 종종 있었다. 당시 관료는 승진에 불이익을 당하는 정도였지만 지금은 조선시대, 역모에 엮이면 삼족이 멸한다.

사실 임사홍이 병풍 글귀의 뜻을 모를 리는 없었다. 문제가 될 것 같으면 연산이 오기 전에 치우면 된다. 위태로운 아들, 어쩌면 연산의 분노를 일으켜 아들을 처치해 주기를 바랬는지도 모른다. 냉혹한 아버지라는 비난은 그 다음 문제다. 우선은 자신이 살아야 하고 잘나가는 두 아들을 지켜야 한다.

100년간 손대지 말라는
비밀의 상자가 열렸다

임숭재와 휘숙옹주는 무시로 궁을 드나들었고 연산이 사냥이라도 나가면 따라 나갈 정도로 가까운 사이였다. 임숭재와 휘숙옹주가 온양 온천엘 다녀오면 연산은 사람을 동재기(동작) 나루터에 내보내 마중하도록 했다. 처남과 매제가 잘 어울렸다.

연산이 임숭재 집을 방문했다. 질펀한 잔치가 무르익어갈 무렵, 임숭재가 연산의 귓가에 속삭였다.

"소신의 아버지가 이곳에 와 계시는데, 자리를 함께 해도 괜찮을까요?"

"왜 이제 얘기하는가? 빨리 들어오시게 하라."

기다렸다는 듯이 임사홍이 합석했다.

"누옥을 찾아주시어 영광입니다."

"동생이 보고 싶어서 왔소이다."

연산군은 여러 이복 여동생 중에서 숙의 김씨 소생 휘숙옹주를 끔찍이 예뻐했다. 웃을 때 보조개가 파이는 볼우물에서 귀여움을 넘어 이성의 욕정을 느낄 때도 있었다. 그래서 그랬을까. 채홍사 전성시대 그의 첫 번째 조건은 보조개였다.

"늙은이가 젊은 자리에 끼어도 괜찮을는지 민망합니다."

임사홍 59세, 연산 33세, 임숭재 32세. 뭔가 어색한 자리다. 연산 옆자리에 앉아 있던 기생이 풀어 헤쳐진 앞 가슴을 여미고 얼굴을 붉히며 물러나 앉았다. 그 모습을 바라보던 연산이 음탕한 웃음을 날렸다. 성장기에 모성애에 굶주렸던 연산은 여인의 가슴에 탐닉했다. 그

것을 알아차린 것이 연상의 여인 장녹수다.

"임금은 무치라는 말을 경이 모른단 말이오? 하하하."

그렇다. 군왕은 무치無恥다. 부끄러운 줄을 몰라서 무치가 아니라 범인凡人들에게나 적용하는 도덕의 잣대를 들이대지 말라는 전제가 내재되어 있는 무치다. 때문에 뭇 여자를 탐하고 지밀상궁이 문밖에 지키고 있어도 거리낌 없이 진한 섹스를 나눈다. 왕의 여자는 왕과 동급이기 때문에 갖은 교태를 부리며 열락悅樂에 빠져들기도 하고 빠져드는 척 하기도 한다.

"한잔 받으시오."

연산이 술잔을 권했다. 하사주下賜酒. 영광의 술잔이다. 아들이 잘나서 받는지 자신이 잘 나가서 받는지 모르지만 아무튼 기분은 좋다. 임사홍이 잔을 비우고 어두운 표정을 지었다.

"무슨 일이 있으시오?"

"아니옵니다. 전하!"

"그런데 왜 이렇게 울적한 모습이오?"

"흥이 나지를 않습니다."

"흥이야 내면 되지를 않소, 이봐라 기생을 들여…."

"아, 아닙니다."

임사홍이 손사래를 쳤다. 자식 앞에서 기생을 앉혀놓고 희롱한다는 것이 민망했던 것일까?

"오늘같이 즐거운 날, 흥겹게 마시구려."

"즐거운 시간을 보내려 해도 자꾸만 그 생각이…."

"자꾸만 그 생각이라니? 무슨 말이오?"

"아, 아닙니다."

임사홍이 입을 가렸다.

"다 들어 줄 테니 하고 싶은 말이 있으면 해보구려."

"전하를 뵈오면 폐비가 생각나 가슴이 미어집니다."

"폐비라 했습니까?"

연산의 눈동자가 번쩍 빛을 발했다.

"폐비를 생각하면 애통하고 애통하여 잠을 이루지 못합니다."

"자세히 말해보구려, 소상히 알고 싶소."

연산이 두 손으로 임사홍의 손을 잡았다. 머뭇거리던 임사홍이 입을 열었다.

"폐비는 억울하게 돌아가셨습니다."

"어서 말하라고 하지 않소."

"엄소용과 정소용이 폐비를 엮었고 이세좌와 윤필상이 성사시켰습니다."

"뭣이라고?"

판도라의 상자가 열렸다. 천기누설이 따로 없다. 연산의 아버지 성종이 100년간 입에 담지 말라고 한 유교遺敎가 무너졌다.

궁궐에 부는
피바람

궁으로 돌아온 연산의 눈에 불길이 일었다. 칼을 들고 궁궐을 휘젓고 다녔다.

"엄소용과 정소용은 어디 있느냐?"

칼춤에 누가 죽을 줄 모른다. 승지와 환관들이 모두 달아났다. 소식을 듣고 달려온 인수대비가 연산을 가로막았다.

“주상! 왜 이러십니까?”

“몰라서 묻습니까?”

“아니 됩니다. 들어가려면 나를 밟고 들어가세요.”

“폐비의 죽음에 할마마마도 자유롭지 못합니다. 저리 비키시오.”

연산이 인수대비의 가슴을 밀쳤다. 노약한 인수대비가 힘없이 넘어졌다. 화살 맞은 맹수처럼 날뛰며 궁을 수색하던 연산이 드디어 엄소용과 정소용을 찾아냈다.

“네년이 정소용이냐?”

아버지가 품었던 여자다. 그런데 년자가 붙었다.

“목숨만 살려주시오.”

무릎을 꿇은 정소용이 싹싹 빌었다.

“네년은 누구냐?”

“엄가이옵니다.”

스스로 꼬리를 내렸다.

“네년들이 그렇게도 우리 어머니를 못살게 굴었더란 말이냐?”

“죽여주십시오.”

정소용과 엄소용이 결박되었다.

“이년들의 머리에 보자기를 씌워라.”

정소용과 엄소용의 머리에 검은 보자기를 씌우게 한 연산이 정소용 소생 안양군과 봉안군을 잡아오게 했다.

“내 말을 들으면 살 것이고 듣지 않으면 죽을 것이다. 알겠느냐?”

두 왕자는 부들부들 떨었다.

“너희들은 나와 피를 나눈 형제다. 폐비를 죽음으로 몰아넣은 년들은 너희에게도 원수일 것이다. 그 죄인이 여기 있다. 너희들이 직접 징치하도록 하라.”

연산이 들고 있던 몽둥이를 안양군에게 넘겨줬다. 몽둥이를 받아 쥔 안양군이 힘껏 내리쳤다. 보자기 속에서 여인의 비명소리가 들렸다. 멈칫하던 안양군이 계속 휘둘렀다. 보자기 속에서 선혈이 흘러내렸다.

“이제 봉안군에게 넘겨줘라.”

몽둥이를 받아 쥔 봉안군은 그저 눈물만 흘리며 서 있었다.

“왜 그러고 있느냐?”

“전하! 죽여주소서.”

비명소리가 꼭 엄마 목소리 같았다.

“죽여주고 살려주고는 다음 문제다. 보자기를 벗겨라.”

보자기를 걷어내자 엄소용과 정소용이 머리가 깨지고 얼굴이 찢어진 모습으로 드러났다. 안양군과 봉안군은 경악했다.

“네년이 폐비를 모함했지?”

몽둥이가 정소용의 이마를 쿡쿡 찔렀다.

“아닙니다.”

순간 연산의 손에 들려 있던 몽둥이가 하늘높이 치켜 올려졌다 떨어졌다. 피가 튀고 골이 튀면서 정소용이 쓰러졌다. 그 모습을 바라보던 안양군과 봉안군은 비명소리도 지르지 못하고 눈을 감았다.

“네년도 폐비를 괴롭혔지?”

“아, 아닙니다.”

엄소용의 변명이 끝나기도 전에 그녀의 머리가 박살났다. 이때 인수대비가 허겁지겁 달려왔다.

“주상! 이 사람들은 모두 부왕의 후궁들인데 어찌 이럴 수가 있습니까?”

“이럴 수라니요? 이년들은 갈가리 찢어 젓갈을 담가도 부족합니다. 이봐라, 이년들을 젓갈을 만들어 산과 들에 뿌려버려라.”

내수사에 명을 내린 연산이 두 왕자를 향하여 돌아서려는 순간, 인수대비가 가로막았다.

“흉악하구나.”

“흉악하다구요? 궁중이 흉악합니다. 할마마마가 그 흉악의 제일 윗자리에 앉아 계십니다. 저리 비키세요.”

연산이 인수대비를 머리로 들이받았다. 외마디 소리를 지른 인수대비가 ‘퍽’ 하고 쓰러지자 나인들이 부축하여 침전으로 모셨다.

한손에는 장검을 들고 다른 한손으로 안양군과 봉양군의 머리채를 싸잡은 연산이 궁궐을 휘젓고 다녔다. 나인과 노복들이 무서워서 모두 몸을 숨겼다. 정현왕후 침전 앞에 도착한 연산이 고래고래 소리를 질렀다.

“빨리 나오지 못하겠느냐?”

진성대군을 부르고 있는 것이다. 연산의 배다른 동생이다. 나가면 연산에게 희생될지 살아남을지 아무도 모른다. 그의 모친 정현왕후도 연산의 광기에 부들부들 떨고 있었다. 연산이 어렸을 때는 자신을 친모로 알고 자랐지만 이제는 사실을 알아버렸다. 어떤 흉측한 일이 벌어질지 아무도 모른다. 일단 소나기는 피해야 한다. 진성대군과 정현왕후는 꽁꽁 숨었다.

진성대군이 나오지 않자 연산은 인수대비전으로 발걸음을 옮겼다. 안양군과 봉안군의 머리채를 움켜잡은 연산이 대비전 방문을 박차고 들어갔다. 연산에게 들이받힌 충격으로 누워 있던 인수대비가 나인들의 부축을 받으며 가까스로 일어났다.

"사랑하는 손자가 드리는 술잔이니 한잔 받으세요."

이죽거리던 연산이 안양군 손에 술잔을 들려 보냈다. 인수대비가 마지못해 받았다.

"맛이 어떠십니까?"

"어찌 달겠습니까."

"사랑하는 손자가 축배를 드렸으니 손자에게 하사하시는 것이라도 있어야 하지 않겠습니까?"

놀란 대비가 비단 두 필을 내어 주도록 했다.

"할마마마는 어찌하여 우리 어머니를 죽였습니까?"

"주상! 말씀이 지나치십니다."

"지나치다니요? 사약을 받고 피를 토하며 죽어간 어머니도 있는데…."

벌떡 일어난 연산이 비단을 팽개치며 밖으로 나왔다. 뜰 앞에 선 연산이 봉안군을 노려보았다.

"네놈이 내 명을 거역했지?"

"살려주십시오. 전하!"

어머니를 알아보고 차마 몽둥이질을 하지 못한 봉안군의 머리통이 깨졌다.

"네놈은 살려주겠다."

어머니를 장작 패듯 무자비하게 팬 안양군은 제천으로 귀양을 보냈다.

갑자사화의 막이 올랐다. 핏빛 잔치다. 122명이 목숨을 잃었고 239명이 처벌을 받았다. 이세좌는 사약을 택배했다는 이유로 죽었고 윤필상은 정승 반열에서 폐비의 죽음을 막기는커녕 "사세事勢가

이에 이르렀으니 어찌할 수가 없습니다."라고 부추겼다는 혐의로 진도에 유배되어 사약을 받았다. 뿐만 아니라 천하의 한명회도 부관참시를 당했다.

갑자사화의
비밀

연산은 갑자사화 이전부터 폐비 사사賜死 사건을 알고 있었다. 자신의 계모이면서 중종의 친모인 정현왕후를 생모로 알고 자랐는데, 즉위 직후 아버지 성종의 묘지문墓誌文을 보게 되면서 자신이 폐비 윤씨의 아들이라는 것을 알게 되었고, 자신의 생모인 폐비 윤씨 사사 사실도 그때 알게 되었던 것이다.

성종께서는 잠저에 계실 때 한명회의 따님을 맞이하여 혼례를 올렸다. 즉위하자 비妃로 봉하였는데 아들 없이 훙薨하였고 시호는 공혜恭惠다. 숙의 윤씨를 비妃로 삼으니 바로 판봉상시사 윤기견의 따님이며 금상 전하를 낳았다. 그 후, 영돈녕부사 윤호의 따님 숙의 윤씨를 비로 올려 1남男이 탄생하였으니 진성대군이다.

-성종 묘지문

폐비를 죽인 건 성종이다. 폐비의 성정이 고왔든 사나웠든 그건 윤씨의 품성일 뿐 죽어야 할 만큼 중죄는 아니었다. 헌데 죽임을 당했

다. 참소에 의해 죽었다 하면 아버지의 무능이 드러나고 죄 없이 죽었
다 하면 아버지가 나쁜 사람이 된다.

연산이 원한을 품으려면 성종에게 품어야 한다. 하지만 성종은 아
버지다. 천륜을 거역할 수 없다. 아버지를 단죄하면 스스로 나쁜 사람
이 되고, 정통성이 상실된다. 어디로 화살을 겨눌까? 임사홍의 고변이
좋은 구실이 되었던 것이다.

갑자사화 이후, 임사홍은 승승장구했다. 연산의 눈도장을 받은 임
사홍은 병조판서에 이어 조선 역사에서 전무후무한 직책을 제수받았
다. 채홍사採紅使다. 조선 팔도를 뒤져 좋은 여자를 끌고 오라는 것이
다. 그것뿐만이 아니었다. 잘생긴 백마를, 그것도 잘 빠진 수컷 말을
찾아오라 명했다.

오늘날의 비아그라처럼 말고기가 정력에 좋다는 소리가 당시의 페
이크뉴스였으며 해구신海狗腎보다도 마신馬腎이 졸부와 한량들의 화두
로 오르내렸다.

황음荒淫에 빠진 연산에게 좋은 여자란 무엇이겠는가? 미색美色에 춤
과 소리는 기본이고 특히, 밤일을 잘 해야 했다. 호남 지방으로 간 우찬
성 이계동과 영남 지방으로 빠진 임사홍 사이에 경쟁이 붙었다.

얼굴 반반한 여자들을 잡아다 가르치면 기예技藝는 어느 정도 하는
데, 밤일을 누가 가르치겠는가. 난감했다. 하지만 이계동에게 밀리면
2등이다. 임사홍의 수첩에 2등이란 없다. 임사홍은 장악원에 연방원
을 꾸며 놓고 전국에서 뽑아온 여자들을 가흥청 2백 명, 운평 1천 명,
광희 1천 명으로 분류하여 교육했다.

교육을 받았다고 해서 모두 임금 곁으로 가는 것은 아니다. 여자들
은 9등급으로 나뉘어 가무와 방중술을 익혔는데, 특히 방중술을 집중

적으로 가르쳤다.

교육이 끝나면 임사홍이 임금을 지근거리에서 모시는 지과^{地科} 홍청과 잠자리를 같이하는 천과^{天科} 홍청을 직접 선별했다. 팔도에서 뽑혀온 여자들은 모두 그의 손을 거쳤다. 선별 작업을 하다 보니 한눈에 처녀인지, 성경험이 있는 유부녀인지, 아이까지 낳은 여자인지도 감별해냈다. 여자는 눈과 손으로 감정하는 것보다 몸으로 감별하는 것이 무엇보다 정확하다는 것을 그는 터득했다. 여기에 덧붙여 각종 의서와 방중술 서적을 탐독하면서 내공을 쌓았다. 한마디로 여자 감별의 달인이 된 것이다.

그는 팔도에서 잡혀온 처녀를 테이프 커팅하면서도 아무런 죄의식을 느끼지 않았다. 자신이 모시는 주군이 처녀보다도 농익은 여자를 좋아한다는 것을 알고 있었기 때문이다.

유신시대의
임사홍들

현대적인 가치관으로 생각하면 불경이라고 생각할지 모르지만 아랫것들이 먼저 간을 보고 웃전에 바치는 사례는 근래까지도 있었다. 더구나 '사나이 배꼽 아래는 입에 담지 말라.'는 인식이 몸에 밴 사무라이를 추종하는 일본 군대의 세례를 받았던 군사독재 권력자들은 이를 더욱 따지지 않았다.

1970년 3월 17일 밤 11시, 서울 마포 절두산 근처 강변도로에서 2

발의 총성이 울렸다. 피를 흘리며 승용차에서 탈출한 남자는 지나가는 택시에 구조를 요청했다. 허벅지에 총상을 입은 남자는 세브란스 병원으로 이송됐다. 신고를 받은 경찰이 출동했을 때 검은색 승용차에는 연초록 원피스에 분홍 머플러를 맨 여자가 가슴에 총상을 입고 숨져 있었다.

세인의 관심은 죽은 모습마저 예쁜 이 여인에게 쏠렸다. 권총과 자가용과 여자. 영화에나 있을 법한 사건이 수도 서울에서 터졌다. 권총의 출처는 어디이며, 자가용은 누구 소유이며, 이 여인은 도대체 누군지에 대해 온갖 소문과 억측이 난무했다.

사건 발생 2시간 전. 남산에 자리 잡은 타워호텔. 전망이 좋아 외국인 관광객들도 선호하는 특급 호텔이다. 18층 나이트클럽은 외화 획득 공로를 인정받아 조선, 대연각, 워커힐, 로얄과 함께 통금 시간에도 영업할 수 있는 특혜를 받았다. 외국인과 동반해야 입장할 수 있는 규정에 물이 좋다는 소문이 퍼졌다. 자유부인들이나 드나드는 칙칙한 카바레가 아니라 환상적인 몸매의 여자들, 돈 많고 놀 줄 아는 애들이 바글거린다는 풍문이 무성했다. 그걸 놓칠 리 없는 전국의 '잡새'와 '놀새'들이 모여들었다.

카롤르 루스티젤리의 '부베의 연인'이 색소폰 선율을 타고 흐르는 밤. 클럽에 들어오는 여인이 있었다.

"어섭쇼."

눈웃음을 짓고 들어오는 여인을 도어맨이 다시 한 번 쳐다보았다. 드나드는 손님 중에서도 흔치 않게 유난히 피부가 흰 미인이다.

"레인보우"

바텐 의자에 앉은 여인이 칵테일을 주문했다.

"오늘도 한잔이에요?"

바텐더의 질문엔 '오늘도'에 방점이 찍혀 있었다. 매일 들르다시피 오지만 혼자 온다는 뜻이다. 빨주노초파남보. 무지개 색깔 칵테일이 완성되었다. 크렘 드 카카오와 바이올렛, 마라스키노와 베네딕틴, 샤르트르즈 옐로와 그린, 거기에 브랜디 1/7 온스. 각각의 맛과 향과 색깔이 섞이지 않게 만들어야 하는 아름다운 칵테일이다. 하지만 바텐더의 내공이 없이는 주조할 수 없는 고난도의 칵테일이 레인보우 (Rainbow Cocktail)다.

칵테일 잔을 돌려보던 여인이 메모지를 찾았다. 이 나이트클럽은 다른 클럽과 달리 라스베이거스풍을 벤치마킹해 DJ가 있었다. 클럽 DJ 1세대 이준, 그 뒤를 이은 이제훈, 함용신이 이곳 출신이다. 영원한 춤꾼 쥬라도 빼놓을 수 없다. 그녀가 신청곡을 적었다. 릴리스 미 (Release Me). 영국의 인기가수 엥겔버트 험퍼딩크가 불러 크게 히트한 곡이다.

"나를 좀 놔 주세요.
떠나갈 수 있게 놔 주세요.
난 더 이상 당신을 사랑하지 않으니까요.
나한테는 새로운 핸섬한 사람이 생겼답니다.
당신의 입술은 차갑지만 그이의 입술은 따뜻합니다."

연거푸 네 번을 신청한 그녀의 시선이 손목에 걸려 있는 까르띠에에 멈췄다. 당시 아무나 찰 수 없는 명품시계다. 자리에서 일어난 그녀가 팁까지 후하게 계산하고 밖으로 나왔다. 주차장에는 검은색 코로나가 대기하고 있었다. 그녀가 연초록 원피스를 여미며 차에 올랐다. 타워호텔을 빠져나온 승용차가 장충단고개를 넘어 한남동 쪽으로 방향을 잡았다.

강변도로에 진입한 승용차는 양화대교를 향하여 속도를 높였다. 당시는 양화대교라 부르지 않고 제2 한강교라 불렀다. 뒷좌석에 앉아 있던 여인이 손잡이를 돌려 창문을 내렸다. 강바람이 상쾌하다. 창문 사이로 분홍색 머플러가 강바람에 춤을 추었다.

"덩컨은 정말 행복한 여자야….."

그녀가 혼잣말처럼 내뱉으며 창밖으로 시선을 보냈다. 강 건너 반 포아파트 단지는 아직 허허벌판이고 동작동 국립묘지가 시야에 들어 왔다.

강바람을 맞은 스카프의 감촉이 연인의 손길처럼 감미로웠는데 속 도가 붙을수록 목을 조이는 느낌으로 다가왔다. 그 '목조임'에서 덩컨 을 생각하던 그녀가 엷은 미소를 날렸다. 20세기 모던 댄스로 일세를 풍미했던 이사도라 덩컨은 그녀가 타고 가던 승용차의 뒷바퀴에 스카 프가 걸려 질식사한 전설적인 여인이다.

지도층의 위선을 폭로하는
'남성편력실록'

사건 현장은 군사작전을 하듯 2시간만에 치워졌다. 위장 넘버를 단 코로나 승용차는 감쪽같이 사라져버렸다. 뒷북만 치던 사회부 기 자들의 눈에 '확' 들어오는 것이 있었다. 총에 맞아 죽은 여자가 남긴 빨간색 핸드백. 그 안에 숨어 있던 수첩이었다.

‘수첩공주’를 옭아맨 것이 ‘안종범 수첩’이었던 것처럼 그녀가 남긴 수첩에는 입만 열면 세상이 다 알 만한 사람들의 이름이 적혀 있었다. 이름뿐만이 아니었다. 전화번호와 만났던 장소, 시간까지 빼곡히 적혀 있었다. 반도호텔은 B, 조선호텔은 C, 타워호텔은 T, 워커힐은 W라고 자신만이 알 수 있도록 작은 글자로 기록되어 있었다.

박정희, 정일권, 김형욱, 박종규, 이후락 등 고위층과 장, 차관, 고위 장성, 5대그룹 재벌회장과 거물급 국회의원 등 26명이었다. 이들은 당시 대통령, 국무총리, 중앙정보부장, 대통령 비서실장, 대통령 경호실장 등 대한민국을 쥐락펴락하는 실세들이다. 수첩에 등장하는 남자들은 그녀를 성적 노리개로 생각했지만 그녀의 수첩은 지도층 인사들의 위선을 폭로하는 ‘남성편력실록’이었다.

경찰로부터 사건을 이첩받은 검찰이 수사결과를 발표했다. 동생의 운전기사 노릇을 하는 범인 정종욱(34)이 유흥업소에 다니는 여동생에게 ‘문란한 남자 관계를 지적하자 자신에게 심한 폭언을 가했고 집안 명예를 위하여 동생을 죽이기로 결심하고 인적이 드문 강변도로에서 범행을 실행하고 강도를 당한 것처럼 위장하려 했다.’는 것이다.

수첩을 의식해서인지 검찰수사 결과 발표는 사족을 달았다. 숨진 여자를 부검한 결과 낙태 경험이 있고 출산 경험도 있는 여자라는 것이다. 한마디로 정숙한 여자가 아니라 호스티스이므로 너무 관심 갖지 말고 성층권 권력자들의 유희일 뿐이니 땅을 밟고 사는 민초들은 신경을 끄라는 것이다.

“처녀인지 비처녀인지 누가 그딴 거 감별해달라고 했나.”

“누가 아니래, 수첩에 등장하는 사람들과 무슨 관계이고, 우리 같은 소시민은 가질 수 없는 회수여권을 누가 만들어 주었고, 세 살 배기 애가 누구 아들이냐가 중요하지, 검사가 할 일 없나? 그런 거는 왜 검사해."

"그래서 개검이라지."

"집지키는 강아지?"

"권력에는 꼬리를 흔들고 약자는 물어뜯는 나쁜넘의 쉐이들…."

"이 다음에는 떡검도 나오고 색검도 나오겠다."

"안 나오란 보장 없지."

"건 그렇고. 어디를 부검했다는 얘기야?"

"거기겠지."

"거기가 어디야?"

"대한민국 실세들이 즐겨 찾던 골목길."

여자는 방년 26세 정인숙이었다. 해방되던 해, 대구에서 태어난 그녀는 대구 부시장을 지낸 아버지 슬하에서 부유한 성장기를 보냈다. 대학을 중퇴한 그녀는 충무로 영화판을 기웃거리다 유흥가로 빠져 선운각의 얼굴 마담으로 화류계를 평정했다.

당시 요정정치의 주무대는 삼청각과 대원각이 양분하고 있었다. 거기에 곁다리로 낀 것이 오진암이다. 여기에 등장하는 대원각은 시인 백석을 사랑했던 주인 김영한이 법정스님에게 시주하여 길상사로 다시 태어났다.

정인숙이 선운각에 혜성같이 나타나자 화류계가 요동쳤다. 그녀를 데려오지 않으면 장사가 안 된다는 볼멘소리가 북악산을 흔들었다. 정인숙 모셔오기 경쟁에 불이 붙었다. 뛰는 것은 그녀의 몸값이었다. 후발 주자 선운각은 정인숙을 선불로 묶어두려 했고, 삼청각과 대원각은 거금을 베팅했다.

소문은 소문을 낳고 꿀단지에 개미 꼬이듯 장안의 호색한들이 번호표를 받으려고 줄을 섰다. '관심종자'가 따로 없다. 정인숙을 화류계에 데뷔시킨 한남동 김 마담은 대박을 쳤고, 비밀요정 송 마담은 돈을 긁어모았다. 그녀는 톱스타나 타고 다니던 자가용 승용차를 굴렸고 고위층이나 가지고 있던 복수여권을 소지하고 있었다.

청와대에서 벌어진
육박전

호사가들의 좋은 안주감이 등장했다. 덮으려 하면 할수록 세인의 관심을 받는 게 소문이다. 수사당국에서 안간힘을 썼지만 군사정부의 섹스 스캔들은 '유비통신'을 타고 전국으로 퍼져나갔다.

"청와대에서 육박전이 벌어졌다."

불과 2년 전. 1.21. 사태. 김신조 일당의 청와대 습격사건을 기억하고 있는 시민들은 깜짝 놀랐다. 그땐 자하문 고개에서 교전이 벌어져 다행이지 무장공비들이 청와대 경내까지 들어갔다면 이거 보통일이 아니다.

백악산 깊은 곳 청와대에 앉아 있다고 시중에 떠도는 풍문을 모를 리 없다. 나훈아의 〈사랑은 눈물의 씨앗〉을 개사한 노래 가사를 손에 쥔 육영수가 작심하고 따졌다. 웬걸, 재떨이가 날아가고 눈탱이가 밤탱이가 되었다. 그후, '청와대 육박전'이라는 말이 인구에 회자되었다.

육영수와 박정희가 피터지게 싸웠다는 얘기다. 박정희는 다 알겠지만 육영수는 모르는 분이 있어 친절을 베푼다면 육영수는 박근혜의 엄마다.

여자 감별사의
최후

정성을 쏟아서일까? 지성에 하늘이 감응했을까? 아니면 감별사의 능력일까? 임사홍의 권세는 하늘 높은 줄 모르고 치솟았다. 허나, 인생은 유한하고 권세는 짧은 것. 백성들의 인내심이 바닥나 분노가 폭발했다. 중종반정이 터진 것이다.

경복궁을 접수한 반정군이 임사홍의 집을 에워쌌다.

"임사홍은 나오라."

고래고래 소리를 지르자 임사홍이 나왔다.

"네가 임사홍이냐?"

"그렇소."

"네가 간신 임사홍이란 말이지?"

"아니오."

"그럼 무어냐?"

"충신이오."

"충신이란 자고로 마음을 중심(忠)에 두어야 하는데 네놈은 폭군에 빌붙어 이것저것 다 핥아주었다. 네 세치 혀에 죽어간 사람이 몇이나 되는 줄 아느냐? 그러고도 충신이라 하니 하늘이 두렵지 않느냐?"

몽둥이가 입으로 날아들었다. 이가 부러지고 입술이 터졌다. 예상치 못한 공격에 '으악' 소리와 함께 그가 쓰러지자 몽둥이가 작렬했다. 결국 그는 집 앞에서 매 맞아 죽었다.

오늘날의 시청 앞 광장은 예전 군기시軍器寺 마당이다. 신무기를 개발하고 성능시험을 해야 했던 군기시는 너른 광장이 필요했다. 소공동으로 이어지는 야트막한 구릉은 천혜의 무기 시험장이었다.

연산의 애첩 장녹수가 군기시 마당으로 끌려와 참斬에 처해지자 분노한 백성은 그녀 가랑이에 돌을 던지며 "너의 그곳에서 나라의 곳간이 녹아났다."라고 저주를 퍼부었다.

민심이 천심이다. 임사홍에 대한 응징은 여기에서 그치지 않았다. 백성들에게 매 맞아 죽은 지 20일 후, 임사홍은 무덤에서 꺼내어져 부관참시를 당했다. 사관은 그때를 다음과 같이 기록하고 있다.

임사홍은 성종 조에 죄를 얻어 등용되지 못하다가 연산 조에 그 아들 숭재가 부마로 임금의 총애를 얻자 사홍이 그 연줄로 높은 품계에 올랐다. 그 아들 희재가 죄를 받아 죽던 날에도 평일과 다름이 없이 그의 집에서 연회를 베풀고 고기를 먹으며 풍악을 울리니 연산군이 그를 더욱 신임하여 그의 계교를 따랐다.

-조선왕조실록

그의 아들 숭재는 장녹수와 간통했는데 녹수가 연산군의 총애를 받게 되자 일이 탄로날까 두려워 몰래 녹수에게 부탁하기를 "만약 그 얘기가 나오거든 희재가 한 일이라고 대답해야 한다. 그러면 너도 살고 나도 보전될 것이다." 하였다. 이 때문에 희재에게 화가 미친 것이다.

갑자사화 이후로는 앞서 자기를 비난한 자에게 일일이 앙갚음하였고 이미 죽은 사람까지도 모두 끌어내 부관참시하였다. 온 조정이 그를 호랑이처럼 두려워하여 당대의 두 신씨慎氏 신수근과 신수영이라 할지라도 그를 조심스럽게 섬겼다.

연산군이 하고 싶은 일이 있으면 그에게 쪽지로 통지하고, 사홍이 들어가면 명령이 내려지니 그가 부도한 간계를 꾸민 일을 이루 다 말할 수 없다. 그가 임금에게 아첨하여 총애를 취함이 모두 이와 같았다. 그때 사람이 다음과 같은 시(詩)를 지어 읊었다.

小任崇載大任洪 작은 소인 숭재 큰 소인 사홍
千古姦兇是最雄 천고에 으뜸가는 간흉이구나
天道好還應有報 천도는 돌아 보복이 있으리니
從知汝骨亦飄風 네 뼈 또한 바람에 날려질 터

신무삼간

신무문의
세 간신

겨울바람이 매서운 동짓달, 스산한 거리엔 어둠이 짙어가고, 37년 생 느티나무에 매달린 마른 잎이 찬바람에 떨고 있다. 사위四圍는 고요 하고 하늘엔 보름달이 휘영청 걸렸다.

둥! 둥! 둥!

1고鼓의 북소리도 한참 지났으니 2고(밤 9~11시)쯤 되었을까. 백악 을 휘감아 내려오는 북풍을 등에 업고 관복 자락을 휘날리며 신무문 모퉁이를 돌아 남쪽으로 내려오는 무리가 있었다.

"문을 열어라!"

영추문 앞에 멈춘 한 떼의 무리가 소리쳤다. 화들짝 놀란 숙위 군 졸들이 문루에서 내려다보았다. 어둠에 잘 보이지 않지만 복색으로 보아 범상치 않은 사람들임엔 틀림없었다. 하지만 여기가 어디 저잣거 리 김 서방네 집이던가. 이 야심한 밤에 문을 열어 아무나 들였다가는 목이 열 개라도 부족하다.

그 시각, 어둠 속에서 경회루를 지나 영추문 쪽으로 헐레벌떡 뛰어 오고 있는 사람이 있었다. 문밖에서는 한 무리의 사내들이 "문을 열어 라!" 호령이고, 궐내에선 신분을 알 수 없는 사내가 양팔을 휘저으며 뛰어오고 있으니 무슨 변고가 생겼음이 틀림없다. 군졸 세명을 거느리 고 영추문을 파수하던 수문장은 긴장하지 않을 수 없었다.

"문을 열어주라는 어명이요."

문루 아래에 도착한 사람이 가쁜 숨을 몰아쉬었다. 자세히 보니 대 전 환관이었다. 야심한 밤에 문을 열어주라니 괴이한 일이다. 하지만 어명이라지 않은가. 더구나 명을 전하는 환관은 임금의 총애가 각별 한 희빈 홍씨의 심복이다.

어명이 사실이라면 지체했다간 목이 달아날 것이지만 석연찮은 구석이 많아 갈피를 잡을 수가 없다. 기별청의 연락을 받은 바도 없고, 승정원의 하명을 받은 것도 없다. 그런데 어명이라니 진퇴양난이다. 주저하던 수문장이 결국 문을 열었다.

낮에는 육조의 관리들과 대신들이 드나드는 번다한 문이지만 인경이 울리면 인적이 뚝 끊기는 곳이 영추문이다. 야간에 통행하는 사람이 제법 있는 신무문은 드나드는 사람들이 숙위 군졸들에게 야식거리를 건네주거나 엽전을 쥐여 주는데, 영추문은 썰렁했다. 광화문과 영추문을 수직하는 군졸들의 소속은 병조였으나 간섭하고 통제하는 데가 많아 피곤하기 이를 데 없었다. 오위五衛 산하 군졸들 모두가 야간 궁성 숙위를 마뜩찮게 생각했다.

도성에 1고가 울려 퍼지는 저녁 7시가 되면 도성의 4대문은 물론 궁성의 4대문이 모두 닫혔다. 파루가 울리는 새벽 5시까지 무료하기 짝이 없는 수문직이다. 당시 한양 성곽 수비는 훈련원이 전담했고 궁성 호위는 병조 산하 5위에서 맡았다. 침전 호위는 내금위, 시립은 우림위와 겸사복 등 3중 4중의 철통 경비를 폈다. 각 위장은 종2품의 관직에 독립적인 영역을 확보하고 있어서 서로 간섭하지 않았으며 통행금지 시간에 궁성의 문을 여닫는 것은 승정원 숙직자의 최종 결재가 필요했다.

경복궁에는 4개의 문이 있다. 동에는 건춘문, 서에는 영추문, 남에는 광화문, 북에는 신무문이다. 이 가운데 승정원의 통제가 가장 느슨한 곳이 신무문이다. 궁성 북쪽에 자리한 신무문은 궐에서 필요한 생활용품이 드나들고 임금이 비밀리에 드나들기도 하는 궁성의 북문이다. 또 궁중의 여인들이 남의 눈을 피하여 드나들거나 죽어서 나가는 문이기도 했다.

훈구세력은 이 신무문을 공략했다. '조씨 성을 가진 자가 왕이 된다.'는 주초위왕走肖爲王 간계를 꾸며낸 훈구세력은 홍경주의 딸 희빈 홍씨의 베갯머리 송사로 중종의 마음을 흔들었다. 기회를 포착한 훈구세력은 궐내에 밀지를 넣어 임금을 알현하는 데 성공했다.

도성의 통행금지를 알리는 1고가 울리는 북소리를 신호로 그들이 신무문을 통과하여 중종을 면대했을 때 왕은 좌단左袒으로 화답했다. 좌단이란 임금이 입고 있던 웃옷의 왼쪽을 살짝 드러냄으로써 신하의 주청을 받아들인다는 묵시적인 응답이다.

신무문은 반역의 역사와 깊은 관계가 있다. 최고 통수권자를 경호하는 부대는 때론 반군으로 돌변할 수 있다. 10.26 후 권력 공백기가 발생하자 경복궁에 주둔하고 있던 30경비단을 근거지로 삼은 신군부 세력도 신무문을 뻔질나게 드나들며 청와대에 있는 최규하를 협박하여 정권을 탈취했다. 이때 30경비단장이 장세동이다. 수방사의 전신 수경사의 흑역사다.

정의롭지 못한
군바리들이 좋아했던 신무문

소란스러운 소리에 승정원에서 숙직하던 승지 윤자임은 벌떡 일어났다. 2고가 지난 야심한 밤에 발걸음 소리가 요란스러운 걸 보니 예삿일이 아니다. 옆에서 자고 있던 공서린과 안정 그리고 이구를 깨웠다. 눈이 휘둥그레진 이들이 밖으로 나왔다. 영추문이 활짝 열려 있고 등불이 환하게 밝혀져 있었다.

놀란 가슴을 쓸어내리며 근정전 쪽으로 향했다. 근정전 아래 좌우로 시립해 있는 푸른 군복의 5위 군졸들을 발견했을 때 불길한 예감이 들었다. 청색 군복의 대호군은 병조참지 휘하였기 때문이다. 그들을 밀어 제치고 경연청으로 나아가니 합문 안팎에도 환하게 등불이 켜져 있었다. 불빛에 관복을 입은 얼굴들이 보였다. 병조판서 이장곤, 판중추부사 김전, 호조판서 김형산, 화천군 심정, 병조참지 성운이었다.

"공들은 어찌하여 이 야심한 밤에 여기에 오셨습니까?"

궐내의 야간 상황을 총책임지고 있는 윤자임이 힐난하듯 물었다.

"대내에서 표신으로 부르셨기에 왔소."

병조판서 이장곤이 고개를 좌로 비틀며 으쓱했다. 표신이란 임금이 신하를 비밀리에 부르는 징표다. 통행이 금지된 야간에 통행증 역할을 했다. 훈련원 군졸들이 4대문을 여닫는 데에는 4각의 목재 표신이 필요했지만, 임금이 비밀리에 사용하는 신표는 원형을 두 조각으로 나누어 왕의 수결이 어압御押되어 있었다.

"어찌 승정원을 거치지 않고 표신을 냈는가?"

승지인 자신도 모르게 신표가 나갔다니 이해할 수 없었다. 윤자임이 승지 안정을 시켜 제지하려 하자 승전색承傳色 신순강이 앞을 가로막으며 병조참지 성운에게 말했다.

"당신이 승지가 되었으니 곧 들어가 전교를 받아 오시오."

기가 막힐 노릇이다. 자신도 모르게 성운이 언제 승지가 되었단 말인가? 어처구니없는 일이었다.

"이것이 무슨 해괴한 일인가?"

앞으로 나서는 성운을 가로막으며 윤자임이 목소리를 높였다. 마

신무문

주 선 자들의 눈초리가 살벌하다. 야심한 밤에 궁성을 내습한 무리의 눈빛이 타오르는 불빛에 살기를 띠고 있었다. 하늘을 쳐다봤다. 칠흑 같은 밤하늘에 별똥별이 백악 뒤편으로 떨어지고 있었다.

"승지가 되었더라도 어찌 사관도 없이 입대할 수 있겠소?"

앉아 있던 성운이 벌떡 일어나 들어가려 하자 윤자임이 주서 안정을 시켜 막아서도록 했다. 그러나 역부족이었다. 윤자임과 안정의 제지를 뿌리치고 합문으로 들어간 성운이 잠시 후, 종이 쪽지 하나를 가지고 나와 임금의 전교라며 읽어내려 갔다.

"승지 윤자임, 공서린, 주서 안정, 한림 이구, 홍문관 응교 기준, 부수찬 심달원, 우참찬 이자, 형조판서 김정, 대사헌 조광조, 부제학 김구, 대사성 김식, 도승지 유인숙, 좌부승지 박세희, 우부승지 홍언필, 동부승지 박훈을 의금부에 하옥하라."

1519년 11월 15일. 조광조를 제거하기 위한 친위쿠데타는 이렇게 시작되었다. 정변의 서곡이다. 후세의 사가들은 이를 '기묘사화'라 기록했고 '신무의 난'이라 불렀다. 백성들은 홍경주, 남곤, 심정을 신무삼간神武三奸이라 부르며 저주를 퍼부었다.

세계적인 기록유산으로 평가받고 있는 《조선왕조실록》은 우리의 귀중한 문화유산이다. 사관들이 기록한 사초와 〈승정원일기〉, 〈의정부등록〉, 〈비변사등록〉, 〈일성록〉 등 여러 사료를 종합하여 왕 사후에 실록청을 설치하고 당대의 덕망가를 엄선하여 실록을 편찬했다. 그런데 이날의 기록은 실록과 일기가 판이하게 다르다.
실록과 달리 〈승정원일기〉는 이렇게 기록하고 있다.

'임금이 편전에서 홍경주, 남곤, 김전, 정광필을 비밀리에 불렀고 이장곤, 안당은 뒤에 있는데 조광조 등을 하옥할 것을 의논하였다.'

'의논하였다'는 것과 '하옥하라'는 전교와는 하늘과 땅 차이다. 병조참지 성운이 가지고 나와 읽었다는 교지는 임금의 재가를 받지 않은 허위문서일 수도 있는 것이다.
하지만 전교로 읽히면 왕명이 되고 실패하면 역적이 되며 실현되면 기정사실화 한다. 역사는 승자의 기록이기 때문이다.

권력,
그 야망과 욕망

달마저 구름에 가려 칠흑 같은 어둠에 싸인 도성에 비상이 걸렸다. 거사를 주도한 훈구세력은 경복궁에 불을 밝히고 지휘부를 설치했다. 현장에서 승지 윤자임을 비롯해 공서린, 안정, 이구 등 승정원 관리를 체포하고 홍문관 응교 기준, 심달원을 붙잡아 의금부에 하옥했다. 쿠데타 지휘부에 똬리를 틀고 앉은 심정은 야밤의 거사에 마침표를 찍기 위하여 대신들을 대궐로 불러들였다.

병조판서 이장곤은 연루자 체포에 들어갔다. 명을 받은 의금부 나장들이 철릭을 휘날리며 영추문으로 튀어나갔고, 심복 금오랑은 조광조 체포 특명을 받고 건춘문 쪽으로 뛰어나갔다.

임금의 급한 부름이라는 전갈을 받고 입궐한 대신들은 간밤의 사건에 아연실색했다. 죄인을 심문하지도 않고 조광조 일당을 '붕당죄'로 처형하겠다는 임금의 교지를 이해할 수 없었다. 쿠데타 세력이 작성한 각본을 추인하고 동참하라니 난감했다. 신무삼간이 일으킨 옥사가 의롭지 못하다는 것은 알지만 어디에 줄을 서야 할지 몰라 우왕좌왕했던 것이다.

"대사헌은 즉시 입궐하라는 어명이오."

횃불을 밝힌 의금부 나장이 들이닥쳤다. 수상했다. 허나, 금오랑이 내민 신표는 임금이 수결한 진짜였다. 조광조는 국가 비상사태가 발생해 임금이 부르는 거겠지, 하는 생각으로 금군을 따라나섰다.

얼마를 지났을까? 불길한 예감이 스쳤다. 임금이 있는 대궐로 향하지 않고 종루 쪽으로 향하고 있지 않은가.

"어디로 가는 것이냐?"

"가보시면 압니다."

"어디로 가느냐고 묻지를 않느냐?"

"힘없는 우리들에게 왜 이러십니까?"

"대궐로 가는 길이 아니지 않느냐?"

"잘 모시라는 분부를 받잡고 모시는 것 뿐입니다."

아차 싶었지만 이미 때는 늦었다. 나장에게 이끌려 간 조광조는 임금의 얼굴도 보지 못하고 의금부에 하옥되었다. 당시 의금부는 종루와 대각선으로 마주보고 있었다. 옥에는 승정원 관리와 홍문관 관리들이 먼저 잡혀와 있었다.

현장을 목격한 윤자임의 얘기를 들어보니 간밤의 거사는 모사꾼 심정의 작품이라는 심증이 들었다. 병조판서 이장곤, 형조판서 김형산, 병조참지 성운이 주연과 조연으로 뛰고 있지만 연출 총감독은 심정이라는 윤곽이 잡혔다. 그렇다면 기획자는? 그 범주에 희빈 홍씨의 아버지 홍경주와 이조판서 남곤이 떠올랐다. 그래도 임금은 아닐 것이라 생각했다. 개혁이라는 한 배를 타고 가는 임금을 끝까지 믿고 싶었다.

심정, 그는 조광조의 천적이었다. 어느 사회 어느 조직에나 적이 있게 마련이지만 조광조에게 심정은 하늘이 맺어준 천적이었다. 조광조보다 11세 연상인 심정은 젊은이들이 자신을 따거^(大모)라 부르는 것을 좋아했다. 오늘날 영어를 섞어 쓰면 다시 보아 주듯이 사대주의가 정착한 그 즈음, 대륙에 대한 경외심과 보스의 기질이다. 조광조가 사마시에 급제하여 출사하자 '똘똘한 애가 들어 왔군.'이라고 하며 자신의 휘하에 두고 싶은 욕심이 생겼다.

하지만 이것도 잠시, 조광조가 이조판서 안당의 천거로 조지서 사지^{司紙}가 되자 심정은 선수를 뺏겼다는 생각에 기분이 좋지 않았다. 하지만 또다시 기회가 오겠지 하고 마음을 추스르고 있었는데, 조광조가 다시 정시 문과에 응시하여 장원급제를 따내고 승승장구하며 치고 나가자 본격적으로 견제하기 시작했다. 시기심이 많은 심정^{沈貞}의 심정^{心情}을 자극한 것이다.

죽여 없애야겠다고 결심한 것은 조광조가 정국공신 위훈삭제^{僞勳削除}를 들고 나오면서부터다. 중종반정에 기여한 공이 거의 없는 심정은 정국공신에 묻어 겨우 3등공신 말석을 유지하고 있는 자신의 주제를 너무나 잘 알고 있었다. 그런데 위훈삭제라니? 자신의 명줄을 끊는 거나 다름없었다. 위훈삭제는 심정의 아킬레스건이었다.

물론 조광조가 발의한 위훈삭제엔 타당성과 명분이 있었다. 백성들의 박수를 받을 만한 통쾌한 일이었다. 고려를 무너뜨리고 조선을 개국한 개국공신이 정도전 등 55명, 조카 단종의 왕위를 찬탈하고 수양대군을 옹립하는 데 앞장 선 정난공신이 한명회 등 43명인데 중종을 옹립한 정국공신은 박원종을 비롯하여 103명이나 되었다.

궁중 여인들의 암투의 장으로 변질된 소격서를 혁파하고 숨은 인재를 등용하기 위하여 실시한 현량과는 미래지향적인 정책이었다. 하지만 위훈삭제는 과거청산이었다. 또 소격서와 현량과는 제도적인 개혁이었지만 위훈삭제는 인적청산이었다. 인적청산에는 저항이 따르게 마련이다. 청산 대상자에게는 목숨줄이 걸려 있기 때문이다.

이것이 조광조 공과의 분수령이 된다. 자신과 뜻을 같이 하는 신진사류가 힘을 비축하기 전에 우유부단한 임금 하나만 믿고 너무 성급하게 밀어붙여 화를 자초했다는 지적이다. 훗날 조광조를 학문적으로 존경했던 율곡 이이가 "뜻은 좋았으나 너무 성급했다."라고 평가한 것은 오늘날에도 음미할 만하다. 완급조절이 필요했다는 분석이다.

새파랗게 젊은 서른일곱에 대사헌에 올라 임금을 가르치려 들고 삼공三公을 규찰하는 것이 심정에게는 눈엣가시처럼 껄끄러웠는데, 기회는 이때다 싶었다. 이러한 심정도 훗날 천적 김안로를 만나 '왕의 여자' 경빈 박씨와 통정했다는 혐의로 사사되었으니 천적에게도 천적이 있나 보다.

신무삼간의
포로가 된 임금

새벽에 열린 긴급 어전회의에서 영의정 정광필이 중심에 서서 쿠데타의 부당성을 통박했지만 역부족이었다. 조광조에게 죄 주는 것을 거두어 달라고 임금에게 간했지만 받아들여지지 않았다.

날이 밝자 장안이 발칵 뒤집혔다. 백성들은 홍경주, 남곤, 심정 등 신무삼간을 성토하고 조광조를 옹호했다. 민심이 천심이라지만 사태는 정반대로 흘러갔다. 조광조를 따르는 성균관 유생들이 벌떼같이 들고 일어나 경복궁으로 쳐들어갔다. 광화문을 밀치고 합문에 이른 유생들은 통곡하며 농성에 들어갔다. 조광조가 갇힌 왕옥으로 넣어달라고 아우성이었다.

임금은 이들의 목소리를 경청하기는커녕 오히려 진노했다. "다 잡아 넣으라."는 것이다. 어명에 따라 150여 명 전원을 하옥하려 했지만 전옥서가 만원이라 우두머리 이약수 등 몇 명을 하옥하는 데 그쳤다.

유생들의 시위가 무위에 그치자 젊은 엘리트 관리들이 들고 일어났다. 부수찬 심연원, 전 주서 이기, 안정, 전 대사간 이성동, 전 집의 박수문, 사간 유여림, 장령 이청, 김인손, 헌납 임권, 지평 이희민, 이연경, 정언 이부, 김익, 홍문관 전한 정응, 교리 송호지, 수찬 권전, 저작 경세인, 정자 김명윤, 권장 등이 옥에 들어가기를 원했지만 임금은 윤허하지 않았다.

옥에 갇힌 조광조는 자신을 심문하려 드는 병조판서 이장곤과 홍숙을 경멸하며, 굽히지 않았다. 특히 한성부윤에서 하룻밤 사이에 형조판서가 되어 자신을 국문하려 드는 홍숙을 조롱했다. 조광조의 희망은 임금을 면대하여 자신의 입장을 소상히 밝힐 수 있는 친국親鞫을 바랐지만 이루어지지 않았다.

양심이 살아 있는 육조의 대신들이 조광조를 죄 주는 것은 부당하다고 진언했다. 사간원, 사헌부, 홍문관 등 삼사의 대간들이 극렬하게 간했지만 임금은 신무삼간이 마련한 시나리오에서 한 걸음도 벗어나지 않았다. 11월 16일, 어전회의가 열렸다. 의정부, 육조, 한성부가 한목소리로 아뢰었다.

"서로 붕비朋比를 맺었다는 말을 저들이 승복하지 않고 증거도 없는데 이 죄목으로 그들을 죄 주면 성덕에 누가 될 것입니다. 면대하여 친히 그들의 말을 들어보소서."

시나리오에 갇힌 임금은 귀를 열지 않았다.

"조정에서 벌 주기를 청하니 죄 주지 않을 수 없다. 조광조와 김정은 사사하고 김식, 김구는 장 100대에 처하여 절도絶島에 안치하라. 그리고 윤자임, 기준, 박세희, 박훈은 장을 쳐 외방에 부처하라."

기사관 채세영과 이공인이 목숨을 걸고 임금의 명을 맞받아치고 나왔다.

"조광조에게 어찌 다른 뜻이 있었겠습니까? 나라를 위하고자 하였을 뿐입니다. 대신들에게 다시 물어서 판부하시는 것이 좋을 듯합니다."

"이미 상세히 의논하였다. 이른 대로 시행하라."

임금의 하명을 받은 김근사가 채세영의 붓을 빼앗아 판부를 만들고자 하였으나 채세영이 붓을 가지고 뒤로 물러나며 내놓지 않았다.

"대신들을 불러서 의논하게 하소서."

채세영에 이어 김근사가 죽기를 각오하고 진언했다. 면전의 임금에게 노여움을 사 죽임을 당할지라도 초필을 쥔 사관으로서 역사를 두렵게 생각하는, 행동하는 소신이었다.

지난 3월, 조광조가 낙마하였을 때 사간동 집으로 어의를 보내준 임금이다. 7월에도 조광조가 몸져누웠을 때 어의를 보내 위로했던 왕이다. 그렇게 총애를 아끼지 않았던 임금이 조광조를 역적에 적용하는 대명률로 처단하겠다는 것이다. 영의정 정광필이 부복했다.

"신이 비록 미욱하여 전하를 선으로 인도하지는 못하오나 어찌 살육하는 일로 전하를 인도하겠습니까? 조광조는 나라를 위하였을 뿐입니다. 조광조의 심지는 조금도 비뚤어지지 않았는데 어떻게 사사할 수 있겠습니까?"

조광조를 심문하는 데 참여한 형조판서 홍숙이 나섰다.

"신이 추관推官으로 추국에 참여하였는데 조광조가 말하기를 '성명聖名을 믿고 국사를 위하고자 하였을 뿐인데 이렇게 되었다.'라고 말할 때 감동받았습니다."

죄를 들춰내야 할 추관이 감동을 먹었다니 임금도 난처해졌다.

"이것은 중한 일이므로 갑자기 결단할 수 없다. 깊이 생각해서 결단하겠으니 물러가라."

신무삼간의 또 다른 밀지(?)를 받아야 하니 참으로 딱한 임금이다.

“조광조는 신하로서 어질지 않다고 할 수 없으나 근래 모든 일에 과격하여 조정의 일을 많이 그르쳤다. 조광조 등 4인을 특별히 생각하여 죄를 감하노니 고신을 삭탈하고 장 100대에 처하여 원방에 안치하라.”

의금부 도사가 교지를 낭독했다. 딱히 무슨 죄를 지어서 벌을 준다는 죄명도 없다. 그저 과격해서 죄 준다는 두루뭉술한 내용이다. 무릎 꿇고 임금의 교지를 듣는 순간 조광조의 얼굴에 뜨거운 눈물이 흘러내렸다. 끝내 면대할 기회조차 주지 않은 임금이 야속했다.

설득당하면 끝장,
절대 임금과 대면하지 못하게 하라

친위쿠데타가 일어난 이틀 후, 조광조는 귀양길에 올랐다. 뚜렷한 죄증罪證도 없이 대사헌을 죄 주는 것은 성은에 어긋난다는 여러 대신들의 직언도 무위로 끝났다. 수많은 성균관 유생과 백성들의 함성도 소용이 없었다. 참형에 처해야 마땅하나 경연에 시종했던 신하이기에 은총을 내렸다는 것이다.

조광조는 토론의 달인이었다. 경서와 성리학은 물론 도학에 달통한 그의 논리에 당할 자가 없었다. 임금을 대면하면 설득할 자신이 있었다. 훈구세력은 이러한 그의 능력을 잘 알고 있었기에 면대를 철저하게 차단했다.

임금이 친히 문초하는 친국을 그토록 원했지만 끝내 이루어지지 않았다. 억울함을 가슴에 안은 채로 떠나야 한다니 한을 풀 수 없을 것 같았다. 허나 이제는 지나간 일. 떠나야 한다.

훈구세력의 계략은 치밀했고 표적은 적중했다. 승승장구하던 신진사류는 한 방에 갔다. 정점에 있던 조광조가 하옥되자 힘 한번 써보지 못하고 무너졌다. 왜 그랬을까? 친위쿠데타를 기획하고 연출한 심정이 판세를 훤히 꿰뚫어보고 있었기 때문이다. 칼자루를 쥐고 있는 임금의 속마음을 읽고 있었던 것이다. 하지만 대척점에 있던 조광조는 의욕이 충만하여 대세를 낙관적으로만 보고 있었다.

2년 전, 사헌부 외삼문에 '경거망동 하지말라.'는 쪽지가 매달린 화살이 날아와 꽂힌 일이 있었다. 올해 정월에는 사정전 정원에 '몸조심하라.'는 화살이 날아왔고 2월에는 경복궁 건춘문에 꽂혔다. 수구세력의 동태를 예의주시하고 대책을 세워야 했지만 조광조는 이를 무시했다. 군자가 가는 길엔 문이 없으니 소인배들의 겁박에는 신경 쓰지 않겠다는 오만함이었다.

유배길에 오른
개혁정치의 꿈

조광조를 태운 함거가 숭례문을 빠져나오자 백성들이 구름처럼 몰려들었다. 하나같이 안타까운 눈빛들이다. 신무삼간에 대한 증오의 눈빛도 섞여 있었다. 목봉을 두른 함거에 손을 넣어 조광조의 손을 만져보려고 소동이 벌어졌다. 그래도 금군들은 심하게 다루지 않았다.

청파역에서 길라잡이를 앞세운 유배 행렬은 걸음을 재촉했다.

한양에는 삼남지방으로 가는 청파역과 관서지방으로 가는 연서역이 중앙역 구실을 했다. 역에는 말을 타고 달리는 파발과 걸어서 움직이는 보발이 있었다. 지역 지리에 익숙한 이들이 길라잡이를 했다. 유배 행렬은 죄인을 태운 함거와 함께 움직여야 하므로 보발이 나섰다.

한강을 건너는 거룻배에서 북쪽을 바라보니 삼각산이 눈에 들어왔다. 청운의 꿈을 안고 조정에 출사할 때 높고 푸르기만 하던 삼각산이 초라하다. 눈앞에는 한강수가 유유히 흘렀다. 세월은 무상하여 영욕도 한순간이다. 알성시에서 임금의 마음을 흔들었던 게 엊그제 같은데 이제는 죄인이라니 도무지 믿어지지 않았다.

나루를 떠난 거룻배가 강 한복판에 이르렀다. 물결은 잔잔한데 강물은 괴기한 소리를 내며 소용돌이를 일으키고 있었다. 바람이 불었다. 배가 흔들리자 수레를 끄는 소가 왕방울 같은 두 눈을 껌벅이며 조광조를 바라보았다. 조광조의 입가에 미소가 어리는가 싶더니 강바람에 지워졌다. 함거에 홀로 앉아 조용히 눈을 감고 생각에 잠긴 조광조는 끊임없는 의문에 빠졌다.

"주상 전하의 진심은 뭘까? 도대체 왜 하루아침에 돌변하신 것일까? 전하는 개혁을 빌미 삼아 나를 통해 훈구세력을 적당히 견제만 하려 하신 걸까? 그런데 내가 정말로 개혁을 밀어붙이자 부담을 느낀 나머지 다시 훈구세력을 내세워 나를 내치려 하신 걸까? 그렇다면 전하의 진의는 어디에 닿아 있는 걸까? 그저 유배까지일까, 아니면 죽음일까? 내가 꿈꾸던 나라는 이대로 물거품이 되고 마는 걸까?"

배에서 내려 여우고개를 힘겹게 오르던 유배 행렬이 정상에서 잠시 멈췄다. 수레를 끄는 소도 숨을 몰아쉬고 호송하는 군졸들도 팍팍

한 다리를 두들기며 다리쉼을 했다. 관악산 줄기가 뻗어 내린 여우고개에서 바라보니 삼각산이 아스라이 시야에 잡혔다. '다시 볼 수 있을까?' 생각하니 가슴이 미어졌다.

유배지까지 호송 책임을 맡은 금부도사와 나장은 조광조에게 심하게 굴지 않았다. 그들도 조광조가 억울하게 귀양을 간다는 사실을 잘 알고 있었다. 비록 지금은 죄인의 몸이지만 유배가 풀려 복권되면 하늘 같은 대감이 된다는 사실도 잘 알고 있었다.

과천을 지날 무렵 유배 행렬을 숨 가쁘게 뒤쫓아오는 한 필의 말이 있었다. 신상과 유운이 보낸 유생이었다. 조광조를 존경하는 선비의 입장에서 그가 아무런 전후 사정도 모르고 귀양을 가는 것이 너무 가슴 아팠다. 함거에 이른 유생이 품속에 간직하고 있던 두루마리를 꺼내어 조광조에게 전했다.

"홍경주와 심정이 남곤의 집에서 참설讒舌로 임금의 마음을 움직이기로 모의하였습니다. 거사하던 날 저녁에는 비밀리에 신무문으로 들어가 임금을 알현했으나 만남을 은폐하기 위해 신무문을 빠져나와 영추문으로 다시 들어가서 대신들을 불렀습니다. 영문도 모른 채 불려온 대신들의 연대서명을 받아 마치 조정에서 죄 주기를 청해서 죄를 준 것처럼 조작하였습니다."

서찰을 본 조광조는 엷은 미소를 지었다.

"임금께서 어찌 그렇게까지 하셨겠는가?"

조광조는 끝까지 임금을 믿고 싶었다. 하지만 친위쿠데타가 일어났던 그날 밤의 상황을 짐작은 했지만 이제야 밑그림이 그려졌다.

"천하의 소인배들 같으니라고⋯."

유배 행렬이 죽전 사거리에 닿았다. 이곳은 조광조의 고향이나 다름없다. 서쪽으로 고개를 돌렸다. 10리만 가면 조상이 잠들어 있는 선영이다. 부친이 돌아가셨을 때 시묘하며 3년을 보냈던 상현리가 지척이다. 그렇지만 고개를 들고 그쪽을 바라볼 면목이 없었다.

금부도사가 선영에 참배하고 가도 좋다고 양해했지만 사양했다. 죄인의 몸으로 조상을 뵈올 수 없다는 것이다. 그리고 마음속으로 다짐했다. 지금은 수레에 실려가는 몸이지만 가마 타고 돌아오는 길에는 꼭 찾아뵙겠노라고.

조광조가 죄를 받아 귀양을 간다는 소식이 팔도에 퍼졌을까. 유배 행렬이 천안을 지날 무렵, 영남의 유생들이 몰려와 수레를 가로막고 대성통곡했다.

"대사헌 대감! 어찌 이런 일이 있을 수 있습니까?"

"전하도 너무하십니다. 충신을 내치고 누구와 정사를 돌보겠다는 말씀입니까?"

"악당은 본때를 보여주어야 합니다."

"함거를 돌리십시오. 우리가 뒤따르겠습니다."

의연하게 함거에 앉아 있던 조광조는 오히려 영남 유생들을 위로했다. 조광조를 태운 수레가 지나는 길목마다 고을 관원들과 유생들이 몰려나와 안타까운 마음을 전했다. 공주를 지나 금강을 건넜다. 낙화암이 지척이다. 망국의 한을 안고 꽃잎처럼 떨어지던 궁녀들의 모습이 눈앞에 어른거린다.

"망국도 태평성대도 사람의 일이다. 군주가 사람을 잘 만나면 태평성대를 이루고 백성이 군주를 잘못 만나면 망국의 백성이 된다. 고로, 사람이 답이다."

난생처음 남도 땅에 들어섰다. 조정의 신하들이 훈요십조를 들먹이며 그렇게도 경원했던 남도 땅에 들어와 보니 너무나 평화로웠다. 산야는 푸근했고 사람들은 온순해 보였다. 조광조의 마음은 착잡했다. 고개를 들어 임금이 있는 북쪽을 쳐다봤다. 오히려 그곳이 간신이 우글거리는 역신의 땅인 것 같았다.

조광조의 유배 행렬은 길을 재촉했다. 여산, 삼례를 지나 순창에 닿았을 때였다. 전라도에 천재지변이 일어났다고 웅성거렸다. 조광조가 잡혀가던 날, 남원과 동복 그리고 해남에서 태양이 하얗게 보이는 변이 일어났으며 어제는 장흥에 폭설이 내리고 함평에는 매실만한 우박이 내렸다는 것이다. 뿐만 아니라 구례에서는 지진이 발생했다고 했다. 가뭄이 들면 임금이 명산에 올라 기우제를 드리던 그 시절, 천재지변의 원망은 모두 임금에게 쏠린다.

"임금이 죄 없는 사람을 죄 주어서 그렇다."

"신무삼간을 벌 주려고 하늘이 움직였다."

"간신들에게 불벼락이 떨어질 것이다."

민심이 흉흉했다. 조정에서는 대책을 협의했지만 뾰족한 수가 없었다. 임금은 마음이 편치 않았고 쿠데타 세력은 가시방석에 앉은 기분이었다. 행렬은 담양을 지나 화순 너릿재에 닿았다. 이제 이 고개를 넘으면 화순이고 조금만 더 가면 유배지 능주 땅이다. 고갯마루에서 광주 쪽을 내려다 봤다. 금방이라도 흙먼지를 일으키며 유배를 거둔다는 어명을 받든 파발마가 달려올 것만 같았다. 허나 그것은 한낱 꿈이었다.

한양에서 능주까지 750리, 열흘만에 도착했다. 지리산과 백아산 그리고 무등산으로 연결된 용암산이 멀리 우뚝 서 있다. 능주 평야를 적시는 지석강에 비치는 산 그림자가 아름다운 연주산이 병풍처럼 펼쳐진 아담한 고을이다.

소식이 먼저 전해졌는지 능주 관원들이 대기하고 있었다. 그 무리에 양팽손도 섞여 있었다. 오늘날까지도 절조와 의리로 칭송받는 사나이다. 나이는 비록 조광조보다 아래였지만 나란히 사마시에 응시하여 조광조는 진사시에, 양팽손은 생원시에 장원급제했다. 관직에서도 조광조가 앞서가면 뒤따라가던 각별한 사이다. 지난 3월 관직을 버리고 낙향하여 향리에 있다가 조광조가 자신의 향리로 귀양 온다는 소식을 듣고 달려온 것이다.

誰憐身似傷弓鳥 누가 활 맞은 새 같다고 가련히 여기는가
自笑心同失馬翁 내 맘은 말 잃은 마부 같다 쓴웃음을 짓네
猿鶴定嗔吾不返 원숭이와 학이 재롱을 피워도 돌아가지 않으리
豈知難出覆盆中 독안에 들어 나오기 어려운줄 누가 알리오

조광조가 양팽손에게 전해준 칠언절구다. 자신을 활 맞은 새로 보지 말라는 것이다. 중원을 달리던 마부가 잠시 쉬는 동안 말을 잃어버린 것과 같을 뿐, 결코 가엽지 않다는 것이다. 새는 하늘을 난다. 거칠 것이 없다. 자신은 새처럼 영혼이 자유롭다는 뜻이다.

밝은 해가
세상을 내려다 보고 있나니

북풍한설이 살을 에인다. 한해도 저물어가는 섣달 스무날, 무등산을 넘어온 북서풍이 용암산을 만나 많은 눈을 뿌리는 고을이 능주다. 오늘도 어제 내린 눈 위에 싸락눈이 휘날렸다. 탱자나무 가시울타리

너머 감나무에 한 쌍의 까치가 날아와 울어댄다. 연주산에 걸친 해가 귀양살이 초가를 비추고 있다.

능성 밖 외딴곳에 자리한 초가삼간, 유배생활도 20여 일이 지났으니 조금은 익숙해질 법도 하지만 모든 게 구차한 오막살이다. 다 헤진 문풍지에 황소바람이 드나들고 방안에 둔 걸레가 꽁꽁 얼었다. 동지를 넘긴 추위가 매섭다.

"죄인은 어명을 받으시오."

한양에서 내려온 금부도사가 목소리를 높였다. 기다리던 어명이다. 방안에서 책장을 넘기던 조광조가 쏜살같이 튀어나갔다.

"유배를 거둔다는 어명이겠지."

그것을 기대해서일까? 당연히 그러리라 생각했다.

"임금과 나 사이에 해배解配란 말 이외에는 할 말이 없잖은가."

허나, 어명을 받든 금부도사 유엄의 얼굴에는 싸늘한 냉기가 돌았다.

"조광조를 사사하라."

눈밭 위에 무릎을 꿇은 채 잠자코 어명을 듣던 조광조는 아찔한 현기증을 느꼈다. 사사賜死라니? 도무지 믿어지지 않았다. 억장이 무너졌다. 이른 아침, 까치가 울어대 좋은 소식이라도 있을까 기대했는데 사약이라니, 청천벽력이었다.

개혁 가도를 질주하던 조광조를 귀양 보낸 훈구세력은 마음이 놓이지 않았다. 조광조를 의금부에 하옥했을 때 사사하기로 한 임금이 마음이 변해 귀양으로 형을 감해 유배로 끝나지 않았는가.

심약한 임금이 또 언제 마음이 변해 조광조를 한양으로 불러올릴지 모른다. 조광조가 살아 있는 한 하루도 편히 잘 날이 없었다. 모사꾼 심정이 최후의 카드를 꺼냈다. 조광조를 유배지에서 죽여 없애자는 것이다.

기획안은 기발했다. 의금부 감옥에서 심문을 받을 때 불손했던 점을 반복적으로 고변하여 임금을 흔들고 후궁을 동원하여 베갯머리 송사로 임금을 공략하자는 양동작전이었다.

"첩이 왕후와 어깨를 나란히 하려는 것은 법도에 어긋납니다."

조광조가 시강관 시절 임금에게 했다는 이말을 전해듣자 경빈 박씨가 눈에 불을 켜고 날뛰기 시작했다. 임금의 총애를 받기 위해 어리고 고운 희빈 홍씨와 각축전을 벌이던 경빈 박씨의 가슴에 기름을 끼얹는 꼴이 되었다. 더구나 조광조가 살아 돌아온다면 후궁들은 모두 궁에서 쫓겨날 것이라는 심정의 꼬드김에 눈에 뵈는 것이 없었다.

경빈 박씨는 조광조가 의금부에 갇히던 날, 초관 이장곤과 홍숙이 문초할 때 반말을 지껄이며 그들을 조롱했다고 고변했다. 경빈 박씨의 속살거림에 임금은 진노했다. 조광조의 행동은 국법을 문란케 하고 임금 자신을 능멸한 것으로 받아들였다. 심정의 계략은 절묘했고 약발은 즉각 나타났다. 조광조의 유배를 거두고 사사하라는 명이 떨어진 것이다.

"죽으라면 죽어야지요. 그것이 신하의 도리가 아니겠소."

고개를 떨어뜨린 조광조가 혼잣말처럼 중얼거렸다. 평화스러운 고을 능주에 어명으로 포장된 살육의 장이 마련되었다. 붕당죄로 의금부에 하옥된 지 딱 한 달, 능주에 유배된 지 20일만에 조광조를 사사하라는 어명이 떨어졌고 오늘 그 명을 집행하는 날이다.

"사사의 명만 있고 사사의 글은 없소?"

조광조의 항변에 금부도사 유엄이 쪽지 하나를 내밀었다.

"내가 얼마 전까지 대부의 반열에 있었는데 어찌 쪽지 하나로 신을 죽이겠소?”

“죄인은 무엄하게도 어명을 따지려 드는 것이오?”

“도사를 불신한 것이 아니니 너무 노여워 마오. 그래 지금 정승에
는 누가 있고 심정은 어느 벼슬에 있소?”

“남곤 대감이 영상에 계시고 심정 대감은 판의금부사이시오.”

“그렇다면 내 죽음은 틀림없소.”

조광조는 체념했다. 그들이 조정을 장악하고 있다면 자신의 죽음
은 불을 보듯 뻔했다. 실낱같은 희망마저 놓아버린 조광조는 고개를
들어 먼 산을 바라보았다. 연주산에 걸쳐 있던 흰 구름이 날개를 파닥
이며 흘러갔다.

“조정에서 나를 어떻게 말하오?”

“조선의 왕망이라 하는 것 같더이다.”

조광조의 입가에 서린 웃음이 바람에 날려갔다. 자신을 천하의 간
웅 왕망에 비하다니 소가 웃을 일이었다.

“왕망을 입술에 올리는 자들이 오히려 왕망이오.”

조광조의 눈이 섬광처럼 빛났다. 왕망王莽은 중국 전한시대의 간웅
이다. 이상적인 나라를 만들기 위해 개혁정책을 펼치기도 했으나 권모
술수로 황제 권력을 찬탈한 두 얼굴의 야심가였다.

“왕망은 사리사욕을 위해서 일한 자요. 어찌 그 자와 나를 비교한
단 말이오.”

말을 잠시 멈춘 조광조가 하늘을 우러러보았다. 하늘에선 눈송이
가 내리고 있었다.

“군자가 대의를 좇다가 죄를 받아 죽으라는 명을 받았소. 지엄하
신 명을 오래 지체하는 것이 도리가 아닌 줄 아오만 남기고 싶은 이야
기가 있으니 지필묵을 부탁하오.”

조광조 유허비

머뭇거리던 금부도사가 허락했다.

愛君如愛父 임금 사랑하기를 아버지 사랑하듯 하였고
憂國如憂家 나라 근심하기를 집안 근심하듯 하였노라
白日臨下土 밝은 해가 아래 세상 내려다보고 있나니
昭昭照丹衷 가없는 이 내 충정 길이길이 밝게 비추리라

쌓인 눈 위에 하얀 종이가 펼쳐지고 먹을 머금은 붓이 빠르게 움직였다. 먹선이 가는 곳에 조광조의 회한이 알알이 맺혔다. 검은 먹점이 글씨가 된 형체 위에 하얀 눈발이 날렸다. 백白 위에 흑, 그 흑黑을 감싸안은 하얀 눈발이 모든 것을 사赦하는 것만 같았다. 바람이 불었다.

일필휘지로 써내려간 글이 바람에 파르르 떨고 있었다. 죽음을 눈앞에 둔 절명시絶命詩다.

붓을 놓은 조광조가 북쪽 하늘을 바라보았다. 심호흡을 하는 조광조의 눈꺼풀이 가볍게 떨렸다. 조광조는 임금이 있는 북쪽을 향하여 4배를 올렸다. 마지막 순간까지 군신의 예를 갖춘 것이다. 사약을 받아든 조광조가 단숨에 들이켰다.

독기毒氣와 주기酒氣가 온몸으로 퍼졌다. 정신이 몽롱해지면서 무릎이 꺾였다. 엄습해오는 통증과 환각이 구름 위를 나는 것만 같았다. 이때였다. 혼미한 가운데 누군가 부르는 소리가 들렸다. 귀에 익은 목소리였다.

중종을 위한
변명

조광조와 중종의 인연은 조광조의 나이 서른셋, 1515년에 치러진 알성시에서다. 임금이 직접 성균관에 거동하여 출제한 '공자의 3년 정국 구상을 논하라.'는 문제에 '춘부春賦'라는 답안지로 장원급제를 따면서부터다.

알성시가 있기 5년 전, 조광조는 이미 사마시司馬試에 장원급제하여 중앙 정계에 진출해 있었다. 이조판서 안당의 천거로 조지서의 사지가 되었지만 가슴에 품은 뜻을 펼치는 데는 한계가 있었다. 행정직이었기

때문이다. 요즘으로 치면 중앙정부 7급 공무원 시험에 합격하여 근무
하다가 고시에 합격한 것과 비슷한 모양새다.

'하늘과 사람은 그 근본됨이 하나입니다. 하므로 하늘이 사람에 대하여
도리에 어긋나는 일은 하지 않았습니다. 고로 임금과 백성은 하나입니다.
상고하건대 이상적인 임금은 백성에게 도리에 맞지 않은 일을 한 적이 없
습니다.'

-〈춘부〉

이어지는 조광조의 답안지는 임금의 마음을 흔들었다. 공자 사상
을 하늘과 사람으로 축약한 조광조의 논리는 가슴 뭉클한 충격이었
다. 등극한 지 10년차, 이제야 인재를 만난 기쁨이 가슴에 충만했다.
그랬던 임금으로부터 불과 4년만에 사약을 받았으니 세상일이란 그
변덕을 가늠하기 어렵다. 누가 도리에 어긋났는지 하늘이 알고 땅은
알 것이다.

"학문이 깊고 훌륭한 문장이로다."

조광조의 뇌리에 입력된 그때 그 임금의 목소리가 어렴풋이 들렸
다. 전적, 예조좌랑을 시작으로 홍문관 교리, 부제학, 대사헌에 이르
는 쾌속승진으로 밀어주고 끌어주던 임금으로부터 사약을 받고 피를
토하며 이승과 저승을 오락가락하고 있는 조광조의 환영幻影에 그 목
소리가 들린 것이다.

"야 임마, 조광조! 정신 차려. 대낮에 뭐하는 짓이야? 너 술 마셨
어?"

"예? 조금 마셨는데요. 술은 술인데 독을 탄 술입죠. 전하께서 특
별히 내리신 독배입니다. 마시라 하시니 마셨습니당. 근데, 댁은 뉘신

지?”

금부도사가 한양에서 가지고 온 비상은 독약이다. 비소에 부자와 게의 알을 으깨 꿀에 뭉치고 제련하지 않은 황금가루와 독극물을 넣어 만든 환약이다. 집행지에 도착하여 그 환약을 소주에 타면 사약이 되는 것이다.

“나야, 나. 임금이라고.”

“예? 전하라굽쇼?”

“그래, 네가 어버이처럼 여기는 왕이야.”

“전하께옵서 어인 일이시온지?”

“야, 야, 전하고 나발이고 거치적거리니까 때려치우고 우리 말 놓자. 너 지금 몇 살이냐?”

“서른일곱입니다.”

“82년생이구나? 내가 88년생이니까 나보다 여섯 살 많은 형뻘 되지만 객지벗 10년이면 맞먹기도 한다는데 지금까지 군신 관계도 있고 그러니 그냥 말 놓고 지내자. 너 언젠가 계급장 떼고 맞장 뜨자고 했잖아?”

“아니, 제가 언제 그런 불충한 말씀을?”

“네가 경연관으로 있을 때, 널 따르는 시강관 한충을 통해서 ‘경연에 나올 때는 교의에 앉지 말고 평좌하자.’고 말했잖아. 그게 뭐냐? 맞장 뜨자는 게 아니면?”

아련히 기억이 났다. 높은 자리에 앉지 말고 마루에 방석 깔고 앉아 치열하게 토론하자고 했던 게 3년 전의 일이다.

“내가 용상이 좋아서 앉아 있는 줄 아니? 백성들이 그런다며? 복도 많은 놈이라고. 생각지도 않았던 왕 자리가 굴러들어 오고 여복이 터졌으니 그렇게 비웃을 만하지. 인정한다, 인정해. 하지만 말이야, 어느 날 갑자기 떠밀려 올라가 마지못해 그 자리에 앉아 있는데, 내려오고 싶어도 내 마음대로 내려오지도 못한다고. 너 그런 내 심정 알기나 해? 그리고 나더러 여색을 삼가하라고? 그래 좋다. 네 눈에는 내가 여색이나 밝히는 놈으로 보이나 본데 너도 알다시피 공신들 옵션에 걸려 후궁들 치마폭에 파묻혀 헤어나지 못하고 있는 거잖냐. 넌 입버릇처럼 열여덟에 결혼한 조강지처 하나만 사랑한다고 재던데, 부럽긴 하다. 그런데 본처하고 백년해로하고 싶은 맘이야 굴뚝같았지만 내 장인이 연산군의 뭐가 된다고 해서 마누라가 궁에서 쫓겨날 때 뒷모습을 멀거니 쳐다봐야만 하는 무기력한 지아비의 심정을 네가 알기나 하냐고?"

당시 중종은 여인들에 파묻혀 살았다. 여자를 좋아해서가 아니라 정국공신들이 추천하는 여자를 받아들인다는 옵션에 묶여 있었기 때문이다. 반정공신들의 강압에 못 이겨 정비 단경왕후를 즉위 7일만에 쫓아내고 새장가를 들었지만 계비 장경왕후마저 첫아들을 낳다 죽었다. 중전이 없는 틈새를 후궁들이 파고들었다. 그 가운데 창빈 안씨는 재색을 겸비하였고 경빈 박씨는 육감적이었다. 중궁전을 오래 비워둘 수 없다는 주청에 따라 제2계비를 맞아들였는데 훗날 수렴청정의 대명사가 된 문정왕후다. 하지만 열여섯 어린 왕비는 세상 물정을 몰랐고 중종은 나이 어린 왕비가 눈에 차지 않았다. 이 틈새를 비집고 각축을 벌인 여인이 몸짱 경빈 박씨와 얼짱 희빈 홍씨다.

"언젠가 내 얼굴을 보고 싶다고 말했지? 신하들은 용안을 봐야 한다면서? 그래, 지금 보니까 잘생겼든? 말해봐, 임마. 너희 말로는 임금의 얼굴을 쳐다봐야 성색을 살필 수 있다고 하는데, 내 건강을 챙겨준다니 고맙다. 근데 말이야 백성이나 신하를 막론하고 임금을 쳐다

보면 모가지가 뎅겅 달아난다는 거 너도 알고 있지? 어진 외에는 그림에도 임금의 얼굴이 없잖아. 그런데 내 얼굴을 항상 보여주라고? 너희 말에도 일리는 있다만 니들이 내 얼굴 살피면서 얘기하려는 걸 내가 모르는 줄 알아? 부왕 때부터 임금의 표정을 살펴가며 말을 꾸미는 간신을 차단하기 위해 그렇게 했다는 걸 너도 뻔히 알면서 그런 수작을 할 수 있니? 너 아니었으면 벌써 보냈을 거야. 너니까 오늘까지 온 거지. 그때부터 넌 불경이야, 알았어? 얌마! 소격서도 그래. 왕실의 안녕을 위해 일월성신에게 제사를 드리던 곳인데 변질되어 무녀들을 대궐로불러들여 푸닥거리나 하면서 퇴폐로 흘러가는 거, 네가 말 안 해도 잘 알고 있었어. 아까 말했듯이 내게 목맨 후궁이 한둘이냐? 지네들이 잘났다고 서로 일러바치니 알 수밖에….”

잠시 뜸을 들이던 중종이 정색하고 묻는다.

“너, 우리 엄마가 누군지 알지?”

“네, 자순대비이옵니다.”

“그래 맞아, 알고 있어 다행이구나. 너는 어떻게 생각할지 모르지만 우리 엄마 참 불쌍한 여자다. 어린 나이에 인수대비 손에 이끌려 궁에 들어와 아버지의 후궁으로 나를 낳고 형이 왕이 되었을 때 너도 알지? 나도 어렸지만 너도 열두 살밖에 안됐으니까 잘은 모르겠구나. 형이 아버지의 후궁 숙의 정씨와 엄씨를 자신의 생모를 죽음으로 몰아간 장본인으로 지목하여 작살내고 동생들을 아작낼 때, 우리 어머니 심정이 어떠했겠냐? 오죽하면 요부 장녹수를 찾아가 무릎 꿇고 나만은 살려달라고 애원하고 돌아와 날 끌어안고 통곡했겠냐? 너 화병이라고 아냐? 여자들 가슴에 맺힌 응어리가 한이 되고 그 한이 병이 되는 화병火病 말이야. 그 살육의 현장에서 살아남은 우리 엄마는 화병이 나도 열두 번은 났어. 그 화병을 풀고자 무녀를 대궐로 불러들인

거 좀 이해해 주면 안 되니? 울 엄마 돌아가실 때까지 기다려주면 안 되냐고? 그런데 넌 소격서를 폐지하라고 265회나 상소를 올리고 급기야는 밤늦은 자시가 될 때까지도 퇴청하지 않고 농성할 때 난 정말 싫었어. 정나미가 떨어졌다고. 그리고 네가 결정적으로 싫어진 게 언젠지 아니? 어느 날 네가 입궐할 때 네 앞에 호조판서 고형산이 가고 있는 꼴을 보지 못해 호판의 가마꾼을 불러다 조졌다며? 그때부터야, 임마. 인간이 좀 겸손하면 안 되니? 이왕 겸손 얘기가 나왔으니까 한마디만 더 하겠다. 내 마누라가 애 낳다가 죽어 창경궁에 피어하는 걸 너희에게 알리지 않았다고 나를 몰아붙일 때, 대사헌 최숙생이 엄청 따지고 들더라. '임금의 행적은 항상 알려야 한다.'고. 그래 다 일리 있는 얘기야. 그때 너 뭐라고 했어? 최숙생의 등을 쓰다듬어 주고 싶다고?"

"아니 제가 어찌 그런 말씀을…."

"애 좀 봐, 너 지금 오리발 까는 거냐? 기억 안 나면 〈중종실록〉 읽어봐, 12년 8월 20일자. 그때 넌 검토관이었고 최숙생은 대사헌이었어. 그런 네가 최숙생의 등을 쓰다듬어 줘? 네가 숙생의 아버지냐? 아니면 왕이냐? 네가 입버릇처럼 떠벌이는 대로 어버이 같다는 임금 앞에서 그게 할 소리냐? 너 조금 아까 절명시를 지으면서 '임금을 어버이처럼 사랑하였다.'고 했는데 임금을 어린아이처럼 사랑한 거 아니냐?"

"그럴 리가 있겠습니까."

"너 가방 끈 무지 긴 거 알아, 인정한다고. 네가 처음 알성시에 나와 '춘부'라는 답을 내놨을 때 난 네 학문에 껌벅 갔다고. 그뿐이 아냐. 경연에서 열변을 토할 때는 공자님이 살아 돌아오신 줄 알았어. 하지만 나도 한 학문 하는 사람이야. 날이면 날마다 사람 잡는 형 등

쌀에 살아남으려면 책 읽는 거밖에 없었어. 형 눈에 저놈은 권력에는 야심이 없고 책만 좋아하는 백면서생으로 보여야 살아남을 수 있다고 생각했기 때문이야. 그런데 넌 날 무식하고 여자만 좋아하는 호색한으로 취급했어. 내가 얼마나 상처받았는지 알아? 그리고 또 '지당하십니다.'는 누가 쓰는 말이냐?"

"예, 전하의 말씀이 마땅할 때에 신하들이 머리를 조아리며 쓰는 공대의 말입니다."

"그래, 맞아. 맞는데 말이야, 너희는 그 말을 내가 쓰게 만들었어. 특히 너 조광조가 경연에서 논리정연한 어투로 〈정관정요〉를 설파할 때, 자리를 같이한 사관들이 내가 '지당하다고 했다.'고 실록에 기록해놨어. 신하의 말에 임금이 지당하다고 했다니 그게 말이 되냐? 너흰 그걸 즐긴 거야. 너네야 임금을 갖고 놀면서 희열을 느꼈겠지만 그런 수모를 당하는 내 심정은 헤아려 봤어? 내가 뭐 용상에 앉아 있으니까 마음이 하해와 같은 놈인 줄 아나본데 나 속 좁은 밴댕이야. 내가 왜 이렇게 속이 좁아진 줄 아니? 허구한 날 칼춤을 춰대는 형 앞에서 살아남으려니까 간이 콩알만 해져서 그런다. 왜? 어쩔래?"

찬바람이 스산하다. 정신이 가물가물하다. 싸라기로 뿌리던 눈발이 거세졌다. 이승과 저승의 경계선에서 희미하게 보이던 임금의 얼굴이 사라졌다. 피를 토하던 조광조가 눈을 부릅뜨며 소리쳤다.

"이보시오, 금부도사! 남은 사약이 있거든 마저 주시오!"

약사발을 받아든 조광조가 벌컥벌컥 들이켰다. 약이 목줄기를 다 넘기도 전에 약사발 깨지는 소리와 함께 조광조는 앞으로 꼬꾸라졌다.

조선을 개혁하고자 했던 의지의 선비 조광조는 이렇게 갔다. 혼미한 정신 속에서도 흐트러지려는 자세를 고쳐 잡으며 그래도 머리는 임금이 있는 북쪽을 향한 채 숨을 거두었다. 맺힌 한이 간절해서일까? 두 눈을 부릅뜨고 있었다. 양팽손이 떨리는 손으로 쓰다듬어 내리자 그제야 눈을 감았다.

마침내 조광조가 죽었다. 소격서는 부활하고 현량과는 폐지되었으며 위훈삭제는 취소되었다. 천명을 앞세운 도덕정치로 세상을 바로잡으려 했던 젊은 개혁사상가는 끝내 좌절했다. 한 사람, 개혁의 대상자 임금을 경세經世하지 못하여 속절없이 무너진 것이다.

죄인의 시신을 거두는 일은 동률로 처벌받을 수 있다. 양팽손은 위험을 무릅쓰고 조광조의 시신을 수습하여 향리에 가매장했다가 이듬해 용인 선영으로 이장하였다. 또 조광조의 제자 소쇄 양산보는 홍문관 관직을 내버리고 향리 담양으로 내려와 흙담을 쌓고 집을 지어 스승을 기렸다. 오늘날의 소쇄원이다.

500년이 흐른 오늘날에도 그의 사상이 우리 가슴에 살아 있는 것은 이루지 못한 개혁에 대한 아쉬움과 그의 도道가 백성에게 닿아 있기 때문이다. 개혁은 문자 그대로 피부를 찢는 아픔을 동반한다. 혁명은 밭을 갈아엎듯이 다시 시작할 수 있지만 개혁은 판을 깨지 않고 가는 길이다. 그래서 혁명보다 개혁이 더 어렵다.

윤원형

탐욕의
화신,
인간백정

윤원형尹元衡 (1509~1565)

중종 4년에 태어나 인종시대를 거쳐
명종 20년 도망지에서 스스로 목숨을 끊었다.
파평 坡平 윤씨.
파산부원군 윤지임과 전성부대부인 전의 이씨의 막내아들로 파주에서 출생했다.
위로는 형 윤원개, 윤원량, 윤원필, 윤원로가 있다.
첫째 누나는 정식에게 출가하였고 둘째 누나가 문정왕후다.
동시대를 살았던 인물로
황진이, 서경덕, 조식, 조광조, 이순신, 이황, 임꺽정, 보우스님,
사명당, 서산대사, 토정 이지함 등이 있다.

스스로

여주^{女主}라 했던 문정왕후

"윤비는 사직의 죄인이라 할 만하다. 〈서경^{書經}〉에 의하면 '암탉이 새벽에 우는 것은 집안의 다함이다.' 하였으니 윤씨를 이르는 말이라 하겠다."

-명종실록 1565년 4월

'암탉' 운운하면 '페미'의 집중 공격의 대상이 되는 것은 물론 보통의 여성들에게도 돌팔매를 맞는다. 하지만 요즘 나온 말이 아니다. 지금으로부터 450년 전, 스스로 여주^{女主}라 칭하며 한 시대를 호령했던 문정왕후가 죽자 사관^{史官}이 평했던 말이다.

아들 명종이 보위에 있고 그녀를 매개로 관직에 나아간 파평 윤씨 세력이 시퍼렇게 살아 있음에도 이러한 평을 내놓는다는 것은 목숨을 건 직필이다. 이토록 위험을 무릎 쓰고 기록을 남기고자 했던 것으로 미루어 그의 악행이 역사 발전에 얼마나 큰 해독을 끼쳤는지 가늠해 볼 수 있다. 그녀의 동생이 윤원형이다.

"윤원형은 사람들을 풀 베듯 죽여 그 죄악이 하늘까지 닿았는데도 오래 도록 천벌을 면하더니 금일에 이르러 마침내 죽으니 조야^{朝野}가 모두 쾌하 게 여겼다."

-조선왕조실록 윤원형 졸기

윤원형이 죽은 후 나온 사관의 평이다. 사람이 죽으면 허물이 있 어도 덕담으로 덮어주고 명복을 빌어주는 것이 예의인데 통쾌하단다.

죽음을 기뻐해 주는 사람, 그가 바로 윤원형이다.

외척外戚은 왕이 가는 길에 걸림돌이 될 수 있다. 일찍이 이를 간파한 태종 이방원은 자신의 처갓집을 쑥대밭으로 만들었고 아들 세종의 처갓집도 박살냈다. 역사에는 가정이 없다지만 민무질, 민무구, 민무휼 등 이미 세력을 형성한 처남들이 그가 죽은 후 어떠한 위세를 떨치겠는가 상상하니 끔찍했을 것이다. 또한 세종이 즉위할 당시 세종의 장인 심온은 영의정이었다. 그가 사은사의 직임을 맡아 명나라로 떠나는 날 환송객이 육조거리와 돈의문을 메웠다. 외척의 폐단이 불을 보듯 보였던 것이다.

태종 이방원은 무자비한 처단이라는 비난을 무릎 쓰고 아들이 가는 길에 비단을 깔아 주었다. 아버지의 고뇌에 찬 결단의 덕을 보았을까? 세종은 재위 32년간 외척으로 인한 고민을 하지 않았다. 그리고 외람되게 아들 관리를 잘못하여 골육상쟁을 불러왔다. 둘째 아들 수양대군이 단종을 쫓아내고 왕위를 찬탈한 것이다. 또한 영민한 아들 안평대군과 금성대군이 형의 손에 죽었으니 하늘나라에서도 편치는 못했으리라.

폭군을
몰아내라

1506년 9월 2일 야심한 밤, 훈련원에 검은 그림자가 모여들기 시작했다. 지중추부사 박원종, 부사용 성희안, 이조판서 유순정과 군자

부정 신윤무, 군기시 첨정 박영문, 수원부사 장정, 사복시 첨정 홍경주였다. 잠시 후, 유자광, 이계, 이효성, 이예, 구수영이 건장한 무사들과 함께 합류했다.

3경(23~01시). 훈련원을 출발한 반정군이 돈화문 앞 하마비 앞에 멈췄다. 궁궐 내부 사정을 최종 확인하기 위해서다. 이때 거사 소식을 접한 영의정 유순, 우의정 김수동, 찬성 신준과 정미수, 예조판서 송일, 병조판서 이손, 호조판서 이계남, 판중추 박건, 도승지 강혼, 좌승지 한순이 합세했다. 나랏일에는 굼뜬 자들이 줄서기에는 재빠르다.

대궐을 탐색하며 전열을 정비한 박원종이 진공 명령을 내렸다. 횟불을 밝힌 반정군의 함성 앞에 궁궐 숙위군은 달아나기에 바빴다. 궁궐에 주둔하며 왕을 근접 경호하던 도총관 민효증은 하수구 구멍으로 빠져 나갔다. 입직하던 승지 윤장, 조계형, 이우와 주서 이희옹, 한림 김흠조도 수채 구멍으로 도망갔다. 돈화문과 홍화문 등을 지키던 군사들도 모두 담을 넘어 줄행랑을 쳤다.

“전하! 군사가 궐내에 들어왔습니다.”

승지 윤장의 보고를 받은 연산은 얼굴이 하얗게 변했다.

“군사라 했느냐?”

연산은 턱이 떨려 더 이상 말을 잇지 못했다.

“네, 전하.”

급보를 전한 윤장과 조계형이 말을 마치기도 전에 줄행랑을 쳐버렸다.

“옥새를 내놓으소서.”

반정군의 위압에 이끌린 내관 서경생이 정중히 채근했다.

“내 죄가 중대하여 이렇게 될 줄 알았다. 좋을 대로 하라.”

시녀를 시켜 옥새를 내어다 상서원 관원에게 주게 한 연산은 모든 것을 체념했다.

1453년 10월 10일 발발한 계유정난으로부터 53년. 반정군에 사로잡힌 연산군이 강화도 교동도에 위리안치 되었다. 1961년 5월 16일. 군사쿠데타로부터 56년이 흐른 2017년 3월 31일 독재자의 딸이 수인번호 503을 달고 독방에 입감되었다. 위리안치(圍籬安置)는 죄인의 거소에 가시울타리를 쳐 타인과의 접촉을 차단하는 것이고 독방 역시 타인의 접촉을 제한한다. 정통성이 없는 세력은 반백년이 한계라는 말이 전설처럼 떠도는 것이 낭설이 아닌가보다.

수양대군의 계유정난은 왕권수호라는 명분을 내걸었지만 권력욕의 또 다른 표현이었고 충신이라 쓰고 사익추구라 읽은 훈구대신들의 적폐는 백성들을 더욱 피폐하게 만들었다. 기아에 허덕이는 민생고를 해결하면 군 본연의 임무로 돌아가겠다는 쿠데타군의 혁명공약은 물거품이 되었고 개발독재의 빈부격차는 국민들로 하여금 상대적 박탈감을 느끼게 했다. 겨울나라에 봄기운이 찾아든 것도 닮았다. 성종의 태평시대가 그렇고 진보 정권 10년이 그것이다.

창덕궁을 접수한 반정군은 운산군, 구수영, 덕진군을 진성대군 집에 보내 거사한 사유를 전하고 군사로 하여금 호위하게 하였다. 윤형로를 경복궁에 보내 대비께 아뢰게 한 다음 덩치 좋은 무사를 신수근, 신수영, 임사홍의 집으로 보내 "임금이 부른다."고 유인해 쳐 죽였다.

사기가 오른 반정군은 장녹수를 화근의 장본인이라 지목하고 군기시 앞 광장에 끌어내 목을 벴다. 백성들은 그녀의 가랑이에 돌을 던지며 "이곳에서 나라의 곳간이 거덜났다."고 저주를 퍼부었다. 시청 앞 광장은 예나 지금이나 백성들의 불만과 원성의 배설구다.

연산의 폭정에 반기를 든 세력에 의해 옹립된 진성대군은 경복궁 근정전에서 즉위했다. 조선 11대 임금 중종이다. 임금 즉위식은 곤룡포에 면류관을 써야 원칙이나 이날은 경황이 없어 익선관을 쓰고 의식을 치렀다.

신하에 의해 선택된 왕은 힘이 없다. 하라면 하라는 대로 해야 했고 하지 말라면 하지 않아야 했다. 거역하면 곧 죽음이다. 이미 연산을 보았지 않은가. 거역拒逆이란 말은 임금이 신하를 다스릴 때 쓰는 두려움의 언어다. 헌데, 신하가 임금에게 들이미는 카드가 됐다. 택군擇君의 숙명이다.

"역적의 딸을 중전으로 받들 수 없습니다."

"조강지처인데 어찌하라고 그러시오."

신수근은 연산군에게 누이를 들여보냈다. 왕비 신씨다. 약삭빠른 자들이 선택하는 왕실과 혼인 맺기다. 연산의 정실이 된 신씨는 아들을 낳았다. 차기가 예약된 세자 창녕대군이다. 승승장구한 신수근은 이조판서와 좌의정 자리를 꿰찼다. 허나, 신수근의 운은 여기까지였다. 박원종으로부터 반정에 가담할 것을 권유받을 때 차기 왕의 할아버지가 될 것이냐? 차기 왕의 장인이 될 것이냐? 갈등 끝에 불투명한 미래를 담보한 박원종의 제안을 거절했던 것이다. 반정에 성공한 혁명군은 그를 반혁명 혐의로 척살했다. 그가 중종의 조강지처 단경왕후의 아버지 신수근이다.

"머뭇거리지 마시고 쾌히 결단하소서."

박원종, 성희안, 유자광이 합세하여 상소하고 육조 참판 등이 떼거리로 들고 일어났다. 신하가 임금에게 올리는 주청이 아니라 말을 듣지 않으면 특단의 조치를 취할 수밖에 없다는 겁박이다. 즉위 7일째 되던 날, 중종은 부인을 내치라는 혁명군의 강요에 조강지처를 버렸다. 치마바위의 주인공 단경왕후다. 중종은 사랑하는 부인을 궁 밖으로 내보내고 한없이 울었다.

"윤여필의 딸을 왕비로 맞이하소서."

윤여필은 중전반정 핵심 주동자의 매형이다. 핵심 중의 핵심이 던지는 카드를 안 받을 수 없다. 그 부인이 아들을 낳고 시름시름 앓다 죽었다. 그 후 맞아들인 왕후가 윤지임의 딸 문정왕후다. 여기에서 대윤, 소윤 파벌이 형성되었다.

조선 역대 임금 중에서 아버지와 함께 부인 숫자로 랭킹 공동 1위를 달리고 있는 중종은 여복女福이 아니라 여난女難의 시대를 살았다. 왕후로 책봉한 여인 3명, 후궁 9명, 합 12명에 책봉받지 못한 후궁은 또 몇이나 되는지 알 수 없다. 연산은 자신이 선택한 여자를 즐겼지만 중종은 신하들이 붙여주는 여자의 치마폭에서 헤어 나오지 못했다.

정의를 앞세워 반정에 성공한 혁명군은 권력의 단맛을 알게 되면서 급속히 부패했다. 모셔온 왕을 주지육림酒池肉林에 빠지게 해놓고서 권력을 농단했다. 조선 518년 동안 가장 부패했고 역사적으로 퇴행했다.

요정정치와 체육관 몰표로 국정을 농단했던 5.16 쿠데타 이후 군부 세력과 흡사하다. 한마디로 소인배들의 전성시대였다. 오죽하면 임꺽정이 날뛰었겠는가. 간난의 시대를 거친 조선은 곧 환란의 시대로 접어들었다. 다음 왕 선조 때의 임진왜란이다.

내가 이러려고
궁에 들어 왔나?

반정군에 의해 택군된 중종, 혁명군의 강요에 조강지처를 버리고 맞이한 장경왕후가 아들을 낳다 산후통으로 죽자 처녀장가를 든 것이 문정왕후다. 아들이 중심을 잡지 못하고 여인의 치맛자락에 휩쓸리는 것이 안쓰러웠던지 그의 어머니 정현왕후 윤씨가 '그래도 미더운 건 문중'이라며 가문에서 골라낸 신부감이다.

조선 518년 역사 중에서 왕비를 많이 낸 가문은 파평 윤씨와 청주 한씨가 5명으로 공동 1위. 그 뒤를 여흥 민씨가 4명으로 2위. 다음으로 안동 김씨와 청송 심씨, 경주 김씨가 포진하고 있다. 왕비를 내고 번성할 때도 있었지만 돌이킬 수 없는 화를 당할 때도 있었다. 그래도 해바라기가 태양을 쫓아가듯이 왕실을 넘본다. 권력은 달콤하기 때문이다.

역사는 반복된다 했던가. 중종의 어머니 정현왕후 윤씨가 "그래도 문중이다."라고 선택한 것이 문정왕후였고, 흥선대원군 부인 민씨가 문중에서 한미한 집안 아이를 고른다고 고른 것이 명성황후 민씨였다. 그때 명성황후가 시아버지 이하응의 목에 비수를 들이대리라고 상상이나 했겠는가.

열일곱 어린나이에 왕비가 된 문정왕후. 구중궁궐에 들어와 보니 모든 게 낯설다. 내명부 수장이라 하지만 위로는 대비전이 있고 아래로는 쭉쭉빵빵 후궁들이 있다. 자신보다 키도 컸고 훨씬 예뻤다. 다른 건 다 봐주어도 자신보다 예쁜 건 못 봐주는 게 여자의 심리다.

그 중에서 경빈 박씨는 눈엣가시였다. 왕비가 입궁하기 전, 그녀는 이미 아들 복성군을 낳아 목에 힘을 주고 있었고 미모 또한 빼어나 중종의 사랑을 독차지하고 있었다. 연산군 시절, 채홍사의 눈에 띄어 경상도 상주에서 올라온 경빈 박씨는 출중한 미모뿐만 아니라 몸매가 뛰어났다.

세요細腰. 지금이야 피트니스에서 만들어지지만 경빈 박씨의 개미허리는 자연산이었다. 낭창낭창한 허리가 중종의 마음을 흔들었다. 색욕色慾과 보호본능을 동시에 유발한 것이다. 또한, 사람을 끌어들이는 친화력도 갖고 있어 궁중의 노복들마저 그녀를 따랐다.

경빈 박씨뿐만 아니라 중종반정의 공신 홍경주의 딸로서 이미 아들 봉성군을 낳은 희빈 홍씨와 덕흥군을 낳은 창빈 안씨도 도사리고 있었다. 도처에 깔린 연적戀敵의 틈바구니에서 어쩌다 승은을 입을 기회를 잡아 낳으면 딸, 딸, 딸.

"내가 이러려고 궁에 들어왔나?"

자괴감이 들 정도였다. 독수공방과 눈물로 세월을 보내던 문정왕후가 드디어 아들을 낳았다. 명종이다. 이때부터 조정에는 예사롭지 않은 바람이 불기 시작했다. 훗날 사가들은 이 바람을 을사풍風이라 했다.

세자를 미는 윤임, 세자를 끌어내리고 현존 왕비의 아들 경원대군을 밀어올리려는 윤원형과 윤원로 형제, 작서의 변으로 세勢가 꺾였지만 아직도 남아 있는 경빈 박씨 잔존 세력. 이들의 암투는 목숨을 건 한판 승부였다. 윤원형은 윤임을 정조준했다.

윤임과 윤원형은 사실 남남이 아니다. 파평 윤씨 종친이다. 권력은 부자지간에도 나눌 수 없는 것. 한 문중에서 연거푸 왕비를 내다보니 각을 세우게 된 것이다. 윤임은 세자의 어머니 장경왕후의 오빠, 윤원형은 세자를 밀어내고 그 자리에 자신의 아들을 앉히려는 문정왕후의 동생. 서로가 9촌지간이다. 하여, 세상 사람들은 윤임을 대윤大尹, 윤 원형을 소윤小尹이라 불렀다.

여인의 치마폭에 싸여 헤매던 중종이 승하하고 인종이 즉위했다. 대윤의 기세는 하늘 높은 줄 모르고 치솟았고 소윤은 바짝 엎드렸다. 하지만 인종이 즉위 8개월만에 승하했다. 대윤에게는 청천벽력이었고 소윤에게는 절호의 기회였다. 당시에도 그랬지만 오늘날까지 독살설 이 유효하다.

열두 살 어린 아이가 즉위했다. 명종이다. 어린 아이가 뭘 아느냐 고? 그렇지만 국사는 돌아가야 한다. 성인이 될 때까지 수렴청정垂簾聽 政은 법으로 인정되어 있다. 엄마 문정왕후의 수렴청정이 시작된 것이 다. 왕비와 왕과 윤원형. 환상적인 그림이 완성된 것이다.

인간백정의 핏빛 잔치,
을사사화

1545년, 명종 즉위년 8월 22일. 찌는 듯한 더위가 아직 가시지 않 은 경복궁에 병조판서 이기, 지중추부사 정순붕, 공조판서 허자, 호조 판서 임백령이 잰 걸음으로 달려와 머리를 조아렸다.

“국가에 큰일이 있으니 수상 윤인경과 양사의 장관을 불러 면대하 소서.”

이 때 양사兩司의 장관은 대사헌 민제인, 대사간 김광준이었다.

“명패命牌를 보내라.”

명은 왕에게서 나온 것이 아니라 왕의 어머니에게서 나왔다. 수렴청정이다. 가쁜 숨을 몰아쉬며 들어오던 영의정 윤인경이 승전 내관을 불러 세웠다.

"어좌를 어디에 설치했느냐?"

"충순당에 설치했사옵니다."

"방위는 어떻게 정했느냐?"

"대왕대비는 침방의 창 안쪽에서 남향하여 창문에 발을 내리고 임어하시고 주상께서는 창밖 약간 서쪽에서 동향하여 임어하십니다."

"주상이 신하 앞에 임하실 때에는 남향하지 않으면 안 된다."

승전 내관이 우물쭈물하는 사이 권벌이 나섰다.

"고제古制에 태후는 오른쪽이고 황제는 왼쪽이라 하였는데 충순당은 동쪽이 되니 이렇게 배치하는 것이 옳습니다."

윤원형의 지시가 법이라는 것이다. 홍언필, 윤인경, 이기, 이언적, 권벌, 정옥형, 신광한, 정순붕, 허자, 임백령, 윤개, 민제인, 김광준과 승지 송기수, 주서 안함, 검열 조박이 입시했다. 윤형원의 사주를 받은 이기가 입을 열었다.

"형조판서 윤임은 중종 조부터 잘못이 많았습니다. 외방에 내치소서."

"매우 놀랍구나."

갸날픈 소년의 목소리에 이어 40대 중후한 여인의 목소리가 들려왔다.

"조정 재상들이 이렇게 와서 아뢰니 이는 모두 천지와 조종의 도움이다. 간특한 윤임의 흉악함은 중종 조부터 드러났다. 조정 대신들은 종사를 위하여 함께 의논하여 크게 다스림이 가하다."

짜고 치는 고스톱이지만 못내 위엄을 차렸다.

"윤임은 조정에 있어서는 안되므로 유배시킴이 마땅합니다. 이조판서 유인숙 역시 파직시켜야 하고, 좌의정 유관도 체직시켜야 합니다.”

홍언필이 주억거렸다.

“윤임은 절도絶島에 안치하고 유관과 유인숙은 죄를 정하여 아뢰어라.”

대왕대비의 명이 떨어졌다. 을사사화의 발발이다. 윤원형은 윤임과 유인숙, 유관을 귀양보냈다가 반역 혐의를 씌워 죽였다. 또한 장경왕후 아버지 윤여필의 외손자 계림군도 이들의 음모에 관여했다고 무고하여 죽였다.

유인숙의 뒤를 이어 이조판서에 오른 임백령에게 윤원형이 간계를 실행하도록 했다. 윤임의 사위 전 주서 이덕응을 협박하여 나머지를 싹 쓸어버리라는 것이다.

행동에 나선 임백령은 이덕응을 회유하여 수찬 이휘, 부제학 나숙, 참봉 나식, 정희 등과 박광우, 사간 곽순, 정랑 이중열과 이문건이 봉성군을 추대하는 역모를 꾸몄다고 무고하게 하여 죽이고 긴요하게 써먹은 이덕응 역시 역모 혐의를 씌워 처형시켰다. 결국 윤임과 윤원형의 권력쟁탈전으로 촉발된 을사년 사화에서 100여 명이 희생되었다.

조작하면 사건이 된다, 양재역 벽서사건

“신의 딸이 남편을 따라 시집을 가는데, 부모 자식 간의 정리에 멀리 전송하고자 한강을 건너 양재역까지 갔습니다. 그런데 벽에 붉은 글씨가 있기에 보았더니 국가에 관계된 중대한 내용으로서 지극히 놀라운 것이었습니다.”

부제학 정언각이 내민 봉서封書에 붉은 글씨가 적혀 있었다.

‘여주女主가 위에서 정권을 잡고 간신 이기 등이 아래에서 권세를 농간하고 있으니 나라가 장차 망할 것을 서서 기다릴 수 있게 되었다. 어찌 한심하지 않은가. 중추월 그믐날.’

봉서를 받아든 문정왕후의 손이 파르르 떨렸다.

“내가 보기에도 매우 참람하다. 하물며 신하가 보기에 어찌 예사롭지 않았겠는가. 영부사와 삼공을 속히 들라 하라.”

삼정승과 도승지 조언수가 머리를 조아렸다.

“우찬성 민제인, 판중추부사 허자, 예조판서 윤원형도 부르소서.”

여러 사람의 중지를 모은 척해야 여론의 지지를 얻을 수 있다. 수렴청정을 시작하고 얼마 지나지 않아 문정왕후는 그것을 터득했다. 학습 효과다.

“요즈음 재변이 많고 염려됨이 적지 않아 잠시도 안심할 수가 없다. 각별히 해야 할 일이 있어 경들을 불렀다.”

문정왕후가 근엄한 표정으로 운을 뗐다.

“이 주서朱書를 보건대 단순한 자의 소행이 아닙니다.”

윤인경이 맞장구를 쳤다. 눈덩이는 굴려야 커지고 일은 키워야 맛이다. 민제인과 윤원형이 부리나케 달려와 부복했다.

“어찌하여 세월이 오래되었는데도 사론은 아직도 그치지 않는가? 매우 망극한 일이다. 봉성군 완, 송인수, 이약빙은 일죄一罪에 처하

고, 이언적과 정자는 극변 안치하고, 노수신, 정황, 유희춘, 김난상
은 절도 안치하고, 권응정, 권응창, 정유침, 이천계, 권물, 이담, 임
형수, 한주, 안경우는 원방 부처하고, 권벌, 송희규, 백인걸, 이언침,
민기문, 황박, 이진, 이홍남, 김진종, 윤강원, 조박, 안세형, 윤충원,
안함은 부처하라.”

윤원형의 계략은 누나에게 송신되고 접수된 계책은 왕명으로 현실
화 되었다. 문정왕후의 말은 곧 왕명王命이다. 양재역 벽서사건은 훗날
자작극으로 판명이 났지만 이 터무니없는 사건으로 많은 사람이 희생
되었다. 이제 남은 건 형 윤원로다. 권력은 부자지간에도 나눌 수 없
다는데 어찌 형과 나누어 가질 수 있겠는가. 윤원형의 밀지를 받은 병
조좌랑 윤춘년이 총대를 멨다.

“전하는 중종의 아들이고 인종의 아우로서 왕실의 대통을 이으셨
습니다. 그런데 아직도 대왕대비께서 인종을 폐하려고 했다는 낭설
이 그치지 않고 있습니다. 이로 인하여 대왕대비께서 만대의 여희驪姬
라는 악명을 얻었고 능멸과 모욕을 받았는데 전하께서는 조금도 괘념
치 않고 계시니 분함을 금할 수 없습니다. 윤원로는 간사하고 잔인한
기질에 교만 방종한 태도까지 온갖 악은 모두 다 갖추었습니다. 사람
을 대하면 스스로 한명회에 비하고, 사림 중에서 자기에게 붙지 않은
사람은 죽여버리겠다는 말을 서슴지 않았습니다. 일마다 모두 대비전
과 내응內應한다고 허풍을 떨면서 말마다 모두 내지內旨임을 떠들고 다
녔습니다. 인종을 우매하다 조롱하고 심지어 일찍 죽으라고 공공연히
외치고 다닌 자가 바로 윤원로입니다. 대왕대비를 여희로 지목한 자
가 윤원로 아니고 누구이겠습니까.”

결국 윤원로는 유배되어 사사賜死당했다. 이제 윤원형에게 거칠 것
이 없었다. 탄탄대로다. 남다른 후각을 지닌 관료들이 그에게 줄을 섰

고 뇌물은 산더미같이 쌓였다. 쌀은 썩어나가 거름으로 뿌려졌고 파주 교하 일대는 사람들이 그의 땅을 밟지 않고는 다닐 수 없을 정도였다.

명종 6년 9월 28일, 윤원형은 우의정에 임명되자 정중히 사양했다. 그 사양의 변이 괴이하다.

당시 사관은 이렇게 썼다.

"윤원형이 훈척임을 내세워 오랫동안 권세를 잡으니 뇌물이 몰려들어 그 부유함이 왕실과 견주었다. 한양에 1급 저택이 13채나 되었고, 그 사치함과 웅대함이 극도에 달했다. 직위가 극에 달하면 수명이 줄어든다는 무당의 말에 현혹되어 정승직을 받지 않으니 사람들이 모두 비웃었다."

사양도 자주하면 상수가 된다. 예의상 사양했는데 그를 따르는 사람들이 벌떼처럼 주청했다.

"윤원형만한 인물이 없습니다."

영의정 심연원, 좌의정 김상진, 대사헌 송세형, 대사간 김주, 좌참찬 인권이 합계하여 상소했다.

"거봐, 나만한 사람 없다잖아!"

그는 조카 명종을 내려다보며 우의정에 올랐다. 그의 나이 42세 때다.

"수신제가치국평천하修身齊家治國平天下라고? 싫다, 싫어, 임금 자리는 골치 아프다. 이대로가 좋다."

그에게 수신제가修身齊家는 목에 가시였다. 바로 본부인 김씨다. 정실부인 김씨를 내치고 애첩 정난정을 부인으로 들였지만 전처 김씨가 거치적거렸다. 그는 정난정을 방조하여 본처를 독살했다.

윤원형의 묘. 뒷편 오른쪽은 정난정의 묘.

　　기생 출신으로 윤형원의 본처를 내쫓고 정경부인의 자리를 꿰찬 정난정은 미모도 빼어났지만 정치적인 감각이 남달랐다. 문정왕후의 눈도장을 받은 그녀는 대궐을 무시로 드나들며 위세를 떨치고 온갖 계략을 짜냈다. 최순실의 롤모델이라 할 수 있다.

　　이재理財에도 뛰어나 운종가 상권을 장악하고 제수 물품을 매점매석하여 큰돈을 모았다. 하지만 이것이 그녀의 패착이었다. 성리학을 신봉하는 조선시대에는 조상을 모시는 효孝가 그 어느 가치보다 우선한다. 제사 물품의 가격이 천정부지로 뛰어오르고 그마저 품귀 현상을 보이니 원성이 그녀에게 쏠릴 수밖에 없었다.

　　윤원형의 권세는 하늘을 찔렀다. 죽을죄를 지은 사람도 그는 살려

냈고 멀쩡한 사람도 그의 손짓 하나면 죽었다. 별 볼일 없는 사람도 사또 자리를 꿰찼고 선정을 베풀던 원님도 단칼에 날아갔다. 그의 권세가 극성스러울수록 그의 재산은 쌓여갔다. 파주 일대의 땅은 물론 강 건너 연백평야의 기름진 땅도 모두 그의 수중으로 들어갔다.

권불십년權不十年이라 했던가? 문정왕후가 죽자 윤원형은 절벽 끝으로 몰렸다. 올라갈 길은 끊어지고 떨어지는 일만 있다. 산은 오르는 길보다 내려오는 길이 어렵다 했다. 헌데, 윤원형이 선 곳은 산이 아니라 절벽이다. 뛰어내리느냐? 기어 내려오느냐? 선택지는 둘밖에 없다. 설상가상으로 전 장모의 상소가 그의 발목을 잡았다.

"윤원형은 소인의 딸과 결혼하여 여러 해를 살았는데 정윤겸의 서녀 정난정을 본 이후 임금을 속여 내 딸을 내쫓고 딸의 노奴 향년, 복년, 허년, 명장이와 비婢 구슬이, 가이, 복한, 복이를 잡아두고 놓아주지 않았으며 그것도 부족하여 종들로 하여금 주인을 능멸하고 모욕하게 하였습니다. 딸이 헛간에 갇혀 있는 몸으로 굶주림에 지쳐 정난정에게 먹을 것을 구하자 정난정이 독약을 넣은 음식을 구슬이를 시켜 딸에게 올리게 하여 죽였습니다. 온 집안이 모두 그 원통함을 알고 있었으나 그녀와 윤원형의 위세를 두려워하여 감히 소장을 올리지 못하고 있다가 이제야 올리게 되었습니다."

여자의 원한은 오뉴월에도 서릿발을 내리게 한다 했던가. 상소가 접수되자 기다렸다는 듯이 간원들이 들고 일어났다.

"정난정을 의금부에 하옥하소서."

애꿎은 게 노비들이다. 사건이 터지자 콧대 높던 윤원형 집 노비들이 줄줄이 끌려갔다. 예나 지금이나 수사기법은 대동소이하다. 몸통을 공략하기 위하여 깃털을 쳐야 한다. 최순실 국정농단사건이 터졌을 때 몸통을 잡기 위하여 아랫것들을 줄줄이 구속한 것이 이와 같다.

의금부에 잡혀온 노비들은 모진 고문에 하나 둘 죽어나갔고 급기야 주거리注巨里란 남자 노비 하나만 남았다.

"정난정이 정실부인을 독살한 죄상은 비복들의 문초로 분명히 드러났습니다. 즉시 잡아들여 국문해야 합니다."

사간원과 사헌부, 양사兩司가 합계하여 주청했다.

사태의 심각성을 깨달은 윤원형은 정난정에게 먼저 별장에 가 있으라 이르고 자신은 시구문을 빠져나와 두모포에서 배를 탔다. 숭례문을 거쳐 파주 교하交河에서 나룻배를 타면 사방에 쫙 깔린 의금부 나졸들에게 잡힐까 염려스러워서다.

황해도 강음에 도착한 정난정은 금방이라도 금부도사가 들이닥칠 것만 같아 잠을 이룰 수가 없었다. 이때였다. 그의 종이 헐레벌떡 뛰어 들어왔다.

"마님, 마님! 큰일났습니다. 금부도사가 오고 있습니다."

겁에 질린 정난정은 평소에 가지고 다니던 독약을 입속에 털어넣었다.

"붙들려가 곤욕을 치르느니 스스로 죽는 것만 못하다."

그녀는 피를 토하며 숨을 거두었다. 헌데, 금부도사가 출동한 것이 아니었다. 다른 임무를 띠고 평안도에 출장나갔던 금부도사가 금교역에서 말을 바꾸어 타는 것을 보고 자기집 주인 마나님을 잡으러 온 것으로 착각한 것이다. 뒤늦게 도착한 윤원형은 싸늘하게 식어버린 정난정을 끌어안고 오열하다 그 역시 독약을 마시고 자결했다.

정난정의 죽음에 대해 사관은 또 다른 사실을 적고 있다.

"정난정의 죄는 정실부인을 독살한 것만이 아니다. 정실을 내치고 정경부인에 오른 뒤 등에 종기가 났었는데 의원 송윤덕으로 하여금 침으로 이를 째게 하였다. 송윤덕은 세침細鍼을 가지고 치료하면서 여러 번 그녀의 종기 난 곳을 빨아 주고 다른 곳을 만져주어 정난정의 마음을 샀다. 이로부터 송윤덕이 정난정 침소를 거침없이 드나드니 추문이 파다했다. 세상 사람들이 다 아는 일을 윤원형만 모르고 있다고 세상 사람들이 비웃었다."

조선이 망할 때까지 간신 반열에서 벗어나지 못하고 뭇 선비들의 혐오의 대상이었던 윤원형은 조선말 순종 때 복권되었다. 조선 왕국이 패망하기 2년 전이다. 공교롭게도 간신 윤원형의 신원을 주장한 사람은 이완용이다. 유유상종類類相從이라고 간신의 눈엔 간신도 충신으로 보였던 것일까? 아니면 스스로 간신임을 절감한 그가 먼 훗날 자신도 누군가에 의해 신원되리라고 믿었던 신의 한 수였을까?

역사는 말없이 흐르고 있다.

이이첨

프레임을
바꾸는 것이
최상의 방법

이이첨 李爾瞻 (1560~1623)

명종 15년에 태어나
선조, 광해 시대를 지나
인조 즉위년 반정군을 피해 도망가다 잡혀 참형을 당했다.
광주廣州 이씨.
연산 때 무오사화를 일으킨 이극돈의 5대손이다.

인조반정으로 쫓기던 이이첨이 잡혀 죽음을 당했던 여주 이포

충북 음성 양덕리에서 태어난 이이첨은 명종시대 이후 부활하기 시작한 사림들로부터 이극돈의 후손이라는 질시를 받으며 불우한 성장기를 보냈다.

선조 15년 진사시에 합격하여 광릉 참봉으로 있으면서 별시 문과에 장원급제하였다. 시강원 사서가 된 그는 세자 광해군을 가르치는 스승이 되어 조정 진출의 발판을 마련했다.

남명南冥 조식의 학맥을 계승한 정인홍의 가르침을 받으며 때를 기다리던 그는 광해군이 등극하면서 권력을 잡았다. 하지만 권세도 잠시, 인조반정으로 쫓기는 몸이 되어 영남 지방으로 도망치다 여주 이포에서 체포되어 참형을 당했다. 아들 이원엽, 이홍엽, 이대엽이 있었으나 모두 처형되어 멸문지화를 당했다.

홍길동전의 허균, 동의보감의 허준, 오성과 한음으로 알려진 이덕형과 이항복, 징비록의 저자인 유성룡, 충무공 이순신 등이 같은 시대를 살았던 사람들이다.

멀쩡하던 임금이 쓰러졌다,
자연사? 아니면 독살?

선조 41년(1608) 2월 초하루. 입춘이 지났지만 찬바람이 옷깃을 파고든다. '춘래불사춘^{春來不似春}. 이 땅에 꽃과 풀이 없으니 봄이 와도 봄 같지 않다.' 왕소군^{王昭君}을 두고 읊은 시가 아니더라도 매화가 아직 꽃 망울을 터뜨리지 않았으니 경운궁에도 아직 봄이 오지 않았다.

"전하! 문후 드립니다."

세자 광해가 문안인사를 드리고 나간 다음 약방^{藥房} 별좌가 문안을 드렸다. 임금의 건강이 좋지 않으면 내의원 어의를 불러 진맥을 하고 그 진찰 결과에 따라 처방을 내리면 약방제조가 별좌를 시켜 약을 올리게 하는 것이 관례다. 하지만 선조는 심혈관계 이상으로 쓰러진 이후 계속 약을 복용하고 있다. 별좌의 문안은 안색을 살펴 예후를 관찰하기 위해서다.

"지난밤에는 잠을 편히 잤다."

상쾌한 아침을 맞은 선조가 승지를 불렀다.

"김대래를 홍문관 직제학으로, 목장흠을 사헌부 집의로, 최유원을 홍문관 전한으로, 황경중을 홍문관 교리로, 기협을 홍문관 부교리로, 이사경을 사간원 정언으로, 성시헌을 홍문관 부수찬으로 삼는다."

인사를 마친 선조는 점심 수라를 맛있게 들고 수정과를 든 다음 어지럽다며 그 자리에 그대로 누웠다. 성상의 옥후^{玉候}가 예사롭지 않다는 대전 내관의 전갈을 받은 승지와 사관이 허둥지둥 차비문 안으로 들어왔다. 이어 광해와 약방 제조 최천건이 헐레벌떡 뛰어왔다. 군자는 소나기가 와도 뛰지 않는다 하지만 그건 한가할 때 하는 소리다.

"도승지는 왜 아직도 들어오지 않는단 말이냐?"

광해의 성화에 승전 내관이 뛰어나간 사이 완평부원군 이원익, 영중추부사 이덕형, 오성부원군 이항복, 행 판중추부사 윤승훈, 행 판중추부사 기자헌, 행 지중추부사 심희수가 잇따라 들어왔다.

"빨리 탕약을 들여라."

광해의 호통에 뛰어나가던 약방 별좌보다도 더 빠른 걸음으로 뛰어나가는 나인이 있었다. 은심이다.

"마마님, 마마님 큰일 났습니다."

"무슨 일인데 그렇게 소란이냐?"

"전하께서 쓰러지셨답니다."

"뭣이라고?"

"저하께서 탕약을 빨리 올리라고 하셨습니다."

"알았다. 약방에 뛰어가 그 약을 올리라고 일러라."

나인에게 명을 내린 김상궁이 치맛자락을 휘날리며 어디론가 사라졌다. 그 시각, 건춘문 밖 십자각 근처에 서성이는 사나이가 있었다. 이이첨이다. 그는 이틀전, 선조가 영창대군을 세자로 삼으려 할 때 정인홍과 함께 광해가 적합하다고 주장한 것이 빌미가 되어 정언 구혜의 탄핵을 받아 "멀리 유배 보내라."는 명을 받고 대기 중이었다.

한양을 떠나면 언제 다시 돌아올지 모른다. 살아서 돌아온다는 보장도 없다. 유배지에서 사사賜死하라는 어명을 받으면 한마디 항변도 못하고 독약을 마시고 죽어야 한다.

"잠시 기다리면 좋은 일이 있을 것이다."라는 광해의 귀띔을 받았지만 꾸물거리다간 불호령이 떨어질 수 있다. 하지만 가고 싶지 않다. 누가 귀양길을 가고 싶은 사람이 있겠는가. 삼청계곡에서 발원한 중학천 개울물을 바라보며 서성이고 있을 때, 쓰게치마를 둘러 쓴 여인이 나타났다. 김상궁이다.

"여기에서 머뭇거리기에는 보는 눈이 많습니다."

김상궁이 앞장섰다. 지나는 사람은 없지만 망루에서 내려다보는 군졸들이 있다. 송현松峴에 다다른 김상궁이 소나무 숲으로 몸을 숨겼다. 이이첨도 재빠르게 따라 붙었다.

"전하가 쓰러졌습니다."

"용태는 어떠하시냐?"

"왼쪽 팔 다리가 마비되고 입을 열지 못합니다."

"눈은 떴더냐?"

"아니옵니다."

"숨은 쉬더냐?"

"네."

"저하는?"

"준비한 탕약을 올리라고 명하셨습니다."

"그것을 잘 챙겨서 올려라."

이 부분에서 '그것'이 문제다. 탕약을 가리키는 말인지 제3의 어떤 것을 지칭하는지 알 수 없다. 두 사람 말은 두 사람만 알 수 있다. 때문에 광해, 이이첨, 김상궁은 인목대비 추종 세력으로부터 '독살했다.'는 공격을 받았고 오늘날까지 '선조 독살설'로부터 자유롭지 못하다.

이이첨은 숲속에서 사라지고 김상궁이 궁으로 돌아온 거의 같은 시각, 탕약을 들고 들어오던 별좌와 그제야 들어오던 도승지 유몽인이 합문 밖에서 마주쳤다.

"무슨 약이냐?"

"도담탕導痰湯과 용뇌소합원龍腦蘇合元 그리고 개관산開關散이옵니다."

모두가 중풍에 처방되는 약이다.

"이건 또 뭐냐?"

"강즙薑汁과 죽력竹瀝입니다."

약을 받아든 광해가 다물어진 부왕의 입을 벌리고 약을 흘려 넣었다.

"어의는 어디 있느냐?"

"밖에 있습니다."

"들라 이르라."

합문 밖에 대기하고 있던 어의가 황급히 들어왔다.

"진맥하라."

선조를 살피던 어의가 밖으로 나갔다.

"어떻게 되겠느냐?"

뒤따라 나온 광해가 다그쳤다.

"일이 이미 어쩔 수 없게 되었으니 어찌할 바를 모르겠습니다."

"어쩔 수 없다니 그게 무슨 말이냐? 이봐라, 열熱 치료하는 약을 들여라."

"이미 늦었습니다."

"늦었다니 말이 안 된다."

광해가 울부짖었다.

"대신 및 원임대신들은 모두 들어오라 하라."

초초하게 기다리던 인목대비가 명을 내렸다. 원임대신 및 삼공과 도승지 유몽인, 주서 김시언, 봉교 이정이 들어왔고, 좌승지 최염, 우승지 이형욱, 좌부승지 이경함, 우부승지 이덕온, 동부승지 유희분, 가주서 조국빈, 검열 박해는 모두 중문 안으로 들어와서 기다렸다.

"고례古禮에 부인의 손에서 임종하지 않는다고 하였습니다. 대신들의 뜻이 모두 이와 같으니 감히 아룁니다."

영의정 유영경이 공손히 머리를 조아렸다. 24살 된 과부 인목대비. 어린 아들과 딸을 두고 지아비가 갔다. 자신보다 열 살이나 많은 호랑이 같은 전실 아들이 둘이나 있다. 두 살배기 영창대군. 앞길을 예측할 수 없다. 형들이 살려둘까? 생각만 해도 무섭다. 머뭇거리던 인목대비가 자리를 비키고 의관이 입시했다.

"흥薨하셨습니다."

검시를 마친 의관이 선언했다. 조선 14대 임금 선조의 사망이 최종 확인된 것이다.

선조는 조선 역사상 최초로 방계傍系 출신 임금이다. 궁중법도에 따라 예우해서 방계지 사가私家로 따지면 서자다. 성리학을 신봉하는 조선의 사대부들에게 서자란 불가촉천민 그 이상도 그 이하도 아니다. 가까이 하고 싶지 않은 부류다. 어쩌다 하룻밤 흑심이 생겨 종에게 뿌린 씨앗이 소나 돼지처럼 사고 팔려도 '소 닭 보듯' 하는 게 조선의 사대부들이다.

순회세자를 잃은 명종은 서른네 살 젊은 나이에 후사 없이 죽었다. 종친부에서 족보를 꺼내놓고 찾아보았으나 마땅한 사람이 없었다. 겨우 찾아낸 인물이 덕흥군의 아들 하성군이었다. 덕흥군은 중종의 후궁 창빈 안씨가 낳은 왕자다. 지금의 사직터널 앞 인달방에 살고 있던 하성군을 부랴부랴 모셔다 왕위에 앉혔으니, 바로 선조다.

선비들이 경멸했던 서자庶子. 그 서자를 왕으로 모시고 살아야 했던 당대의 관료들은 가치관의 혼란을 겪었다. 그래도 어찌할 수 없다. 주상으로 모시고 정무에 임해야 했던 신하들은 마음고생이 심했다. 여기까지는 그래도 괜찮다.

백성을 두고
도망가는 임금

임진왜란이 터졌다. 문경새재를 넘은 왜군이 충주를 유린하고 장호원에 들어왔다는 보고를 받은 선조는 몽진길에 올랐다. 말이 좋아 몽진이지 백성을 버리고 도망간 것이다. 그가 도성을 빠져나갔다는 소문을 접한 백성들이 경복궁과 창덕궁에 난입하여 불살라버렸다. 개국 이래 200년 동안 간직했던 궁궐이 왜놈들 손이 아니라 우리 백성들에 의해 불태워져 버린 것이다. 분노의 폭발이다.

역사는 반복된다 했던가? 그로부터 358년 후, 1950년 6월 25일. 3.8선이 뚫렸다는 보고를 받은 대통령 이승만은 비밀리에 경무대를 빠져나가 대전으로 피신했다. 충남 도지사 관저에 도착한 이승만 대통령은 방송용 녹음을 했다.

"적은 패주하고 있습니다. 국민은 군과 정부를 신뢰하고 조금도 동요하지 말 것이며 자기 자리를 지키기 바랍니다."

그 특유의 목소리가 전파를 탄 것은 27일 밤 10시. 방송이 나간 지 불과 4시간만에 한강 다리가 끊어졌다. 육군 공병대의 폭파다. 영문도 모르고 한강 다리를 건너던 800여 명이 폭사하거나 강물에 빠져 익사했다. 그것뿐만이 아니다. 광진교와 한강 인도교밖에 없던 그 시절, 태릉 육사를 접수하고 남하한 북한군이 광진교를 장악하자 미쳐 서울을 빠져나가지 못한 수많은 시민은 적 치하에서 고통을 겪었다.

무악재를 넘은 선조 일행은 발걸음을 재촉했다. 아무리 간소하게 꾸렸어도 어가 행렬이다. 시종 대신들은 물론 왕실 여인들을 태운 가마 때문에 속도가 날 수 없다. 조리읍을 통과할 무렵 점심때가 되었

화석정

다. 누구하나 점심상을 차려 내오는 사람이 없다. 인심이 천심이다. 백성을 버리고 도망가는 임금이 뭐가 예뻐서 밥을 먹여 주느냐는 것이다. 부랴부랴 파주 목사 허진이 노상에 거적을 깔고 점심상을 마련했다.

땅거미가 내릴 무렵 임진강에 닿았다. 평소에 개성과 한양을 오가던 부보상들로 시끌벅적하던 임진나루터는 썰렁했다. 난리가 났다고 사공이 강 건너에 배를 묶어놓고 사라져 버린 것이다. 일본군 선발대가 바짝 뒤쫓아 오는 것 같아 지체할 수 없다. 급히 사공을 수배하고 화석정을 불살라 임진강을 건넜다. '10만 양병설'을 주장했

던 율곡 이이가 만년을 보냈던 화석정이 임금의 도망길에 불을 밝혀
준 것이다.

개성과 평양을 통과한 선조는 평안도 영변에서 광해에게 권섭국사
權攝國事라는 직함을 주어 분조分朝했다. 광해로 하여금 왜군을 막게 하
고, 만에 하나 불행한 사태가 벌어지더라도 국체를 이어가겠다는 포
석이다.

의주에 도착한 선조는 중국에 망명을 타진했다. 임금은 압록강을
건너 도망가려고 하는데 백성들은 왜군과 맞섰다. 의병과 승병이다.
바다에서는 이순신이 선전했다. 명나라의 참전과 백성들의 분전으로
전황이 호전되자 선조는 한양으로 돌아왔다. 하지만 그가 들어갈 집
이 없었다. 월산대군 후손이 살고 있던 집을 비우라 명하고 들어간 집
이 경운궁, 오늘날의 덕수궁이다.

출신성분
콤플렉스에 시달리던 선조

광해가 등극했다. 방계로 흐르던 법통이 적자嫡子를 찾아가는 듯했
지만 또다시 방계로 흘렀다. 선조는 8명의 부인이 있었다. 의인왕후
박씨는 소생이 없고 후궁 김씨에게 아들 둘이 있었다. 임해군과 광해
군이다. 헌데, 선조가 삼간택을 거쳐 정식으로 맞아들인 인목대비가
영창대군을 낳았다. 정실부인에게서 낳은 적자嫡子다. 이것이 정국불
안의 핵으로 떠올랐다.

후궁의 아들로 등극한 선조는 아버지 덕흥군을 덕종으로 추존하려다 반대에 부딪혀 좌절했다. 묘도 왕릉급으로 조영하고 덕릉이라 칭했지만 벌떼처럼 나서는 신하들 때문에 덕흥대원군으로 주저앉았다. 오늘날 그 흔적이 상계동 덕릉고개에 남아 있다.

방계 콤플렉스에 시달리던 선조는 자식에게만은 그러한 고통을 물려주고 싶지 않았다. 영창대군에게 미련을 가졌던 이유다. 영의정 유영경이 적극 지지하고 나섰다. 구부러진 물길을 바로 잡자는 것이다. 현실론을 앞세운 광해 지지세력은 반대했다. 분조해서 전란을 극복하기 위해 동분서주했던 준비된 임금감인데 두 살 배기 어린애가 무슨 소리냐는 것이다. 그 중심에 이이첨이 있었다.

이이첨은 새임금 광해의 호위무사를 자처하고 나섰다. 영창대군 옹립에 앞장섰던 소북小北 영수 유영경을 함경도 경흥에 유배시킨 뒤 죽였다. 반대 세력을 제압한 이이첨은 왕실 손보기에 나섰다. 광해의 형 임해군을 역모로 몰아 진도로 귀양보낸 뒤 사사시켰다. 이제 남은 것은 광해의 조카 진릉군이다.

황해도 봉산군수 신율에게 밀지를 내렸다. 즉시 행동에 나선 신율은 수하 유팽석으로 하여금 병역 기피자 김경립을 잡아오게 했다. 김경립의 조작된 밀고에 따라 체포된 김직재와 김백함은 진릉군을 왕으로 추대하고자 역적모의를 한 사실이 있다고 허위 자백했다. 매에 장사 없다. 매의 위엄이다. 결국 진릉군은 절도에 위리안치 된 후, 19세의 나이에 사사되었다.

마지막 표적 영창대군은 어떻게 처리할까 고심하고 있을 때, 문경에서 희소식이 날아왔다. 새재(鳥嶺)에서 은상銀商이 털리고 살해되었는데 괴이하다는 것이다. 보통의 도적들은 먹고살기 위하여 도둑질을 하는 무지렁이들인데 이들은 글을 알고 용모가 귀공자 타입이라는 것

이다. 심복 수하를 보내 사건의 내막을 접한 이이첨은 회심의 미소를
지었다.

젊은 서자들의 모임,
강변칠우

"세상은 너무 불공평해."

그는 하늘을 우러러 원망을 털어놓았다. 아버지가 영의정이다. 용
모도 아버지를 닮아 준수하다. 비록 어깨 너머로 배웠지만 학문도 닦
았다. 과거에 나가면 급제할 자신이 있는데 자격마저 주지 않는다.

"내가 나오고 싶어서 나왔나? 아버지가 씨를 뿌렸으니까 세상 밖
으로 나왔잖아. 그럼, 책임을 져야 하잖아. 책임지지도 못할 씨를 왜
뿌려?"

하늘에 원망을 뿜어보지만 구름만 흘러갈 뿐이다.

"아버지가 못하면 나라에서 해 줘야지. 왜 시험도 못 보게 해? 실
력이 되지 못해 떨어지면 두 말 하지 않겠어. 헌데, 왜 시험도 못 보게
하느냐고? 이건 나라가 잘못된 거야."

그는 서자에게도 과거를 볼 자격을 달라는 허통^{許通} 상소를 올렸
으나 나라의 허락은커녕 아버지로부터 심한 꾸지람만 들었다. 가출한
그는 자신과 처지가 비슷한 젊은이들을 규합했다. 저 혼자인줄 알았
는데 의외로 많았다. 그들은 여주 양화 강변에 무륜당을 짓고 세상을
바꾸기로 결의했다.

"우리 아버지는 영의정이다. 하지만 별로 존경하지 않으니 경어를 쓰지 않기로 한다. 아버지 이름은 박순이고 난, 그가 하룻밤 불장난을 해 태어난 서자 박응서다."

"내 이름은 서양갑이고 우리 아버지는 목사 서익이다. 종을 봐버려서 내가 태어났다."

"우리 부친은 병사 이병준이다. 잘 봐주라."

이경준이 무인의 후손답게 짧게 인사했다.

"심우영이외다."

심우영이 꾸벅 절한 다음 허홍인과 김경손이 인사했다. 모두가 하나같이 잘생긴 외모에 양반집 자제들이었다. 서자만 아니라면 흠잡을 데 없는 젊은이들인데 그것이 문제였다. 서얼庶孼.

"우리 일곱 사람은 앞으로 죽을 때도 같이 죽기로 맹세한다."

"옳소."

"좋소."

"우우우…"

박응서의 선창에 모두들 함성으로 답했다.

"우리 일곱 사람의 결의에 이름을 붙이고 싶은데 무엇이 좋겠나?"

"서얼맹우."

"무슨 뜻이냐?"

"서자와 얼자들이 맹세한 우정이라는 뜻이다."

"그건 너무 자학적이다."

"양화 강변의 맹세."

"건 너무 감상적이지 않니?"

"우리가 강변에서 결의를 다졌으니 강변칠우江邊七友라 하면 좋겠소."

문경 새재에 있는 영남제일문

"좋소."

모두가 하나같이 찬성을 표했다. 글깨나 읽어서 그런지 죽림칠현竹林七賢을 알고 있었나보다.

중국 위, 진 시대. '난세에 벼슬은 무슨 벼슬이냐?'며 죽림에 모여 거문고 타고 술 마시며 청담淸談을 나누는 선비들이 있었다. 완적, 혜강, 산도, 상수, 유령, 완함, 왕융이다. 그들은 어지러운 세상을 비판하며 속물들의 위선을 통렬하게 질타했다. 후세의 사람들은 이들을 세상을 조롱한 한량들이라며 죽림칠현竹林七賢이라 불렀다.

"큰 뜻을 펼치려면 무예도 닦아야 하지만 자금이 필요합니다."

"그렇다고 장사꾼을 털 수도 없고 무슨 방도가 없습니까?"

박응서가 좌우를 둘러보았다.

"영남대로에는 보부상도 많지만 한양으로 올라가는 봉물짐과 동래를 오가는 은상^{銀商}이 있습니다."

"봉물짐은 호송 군졸이 많이 붙으니 은장수를 털면 좋겠습니다."

그들은 새재에 진을 치고 은장수를 기다렸다. 당시 은^銀은 화폐의 대용품이었다. 관^官에 공급하는 관급물자와 고관대작들에게 뇌물로 바치기에 좋았다. 또한 중국과 무역하기 위한 결재 수단이기도 했다.

그들이 새재^{鳥嶺}에 진을 친지 사흘째 되던 날. 동래를 출발한 은장수가 나귀를 끌고 나타났다. 그들은 굶주린 사자가 먹이에 달려들듯 은장수를 제압하고 은을 빼앗았다.

"어떻게 할까?"

"죽여 버려."

"물건만 빼앗았으면 됐지 왜 죽여?"

"우리 얼굴을 알고 있으니까. 살려 두면 안 돼."

그들은 은장수를 죽였다.

사건은 만들면 된다, 공작 달인의 변

살인강도 사건은 팔도에 알려져 그들은 결국 좌포청에 체포되었다. 이 소식을 접한 이이첨이 포도대장 한희길을 불렀다.

"자네가 큰 도적을 잡았다고 들었는데 그 실상이 어떠한가?"

"모두가 도둑질하고는 거리가 먼 양가의 자제들이라 죄 주기가 부담스럽습니다."

"사대부집 자제들이라 고민된다고?"

"네, 그렇습니다."

"거, 잘됐군. 도둑놈을 도적놈으로 만들면 되지?"

"도둑놈은 뭐고 도적놈은 뭡니까?"

한희길이 뒷머리를 긁적였다.

"목구멍에 풀칠하는 놈은 좀도둑이고 나라를 삼키려는 놈이 도적놈이지. 하하하."

이이첨이 야릇한 웃음을 날렸다. 영문을 모르는 포도대장이 눈을 크게 뜨고 이이첨을 바라보았다.

"자네에게 큰 상을 내릴 일이 생기겠군."

"무슨 말씀이온지 전혀 알아들을 수 없사옵니다."

"더 알려고 하면 다치네. 하하하."

"영문을 알 수 없어 답답합니다."

"아무 소리 말고 내가 보내는 사람을 그자와 만나게 해 주게."

포도대장이 포청에 돌아왔을 때 이미 이이첨이 보낸 사람이 와 있었다. 이이첨의 수하 김개였다. 그는 이이첨의 천거로 선공감이 되어 충견 노릇을 하고 있었다.

"박응서를 불러 주시오."

옥사장이 박응서를 데려왔다. 곱던 얼굴은 깨지고 온몸이 피투성이였다. 형조^{刑曹}로 압송된 박응서는 전옥서에 하옥되어 있었다.

"누가 이렇게 때렸느냐?"

박응서를 쳐다보던 김개가 호통을 쳤다.

"이놈이 자백을 하지 않아 손을 좀 봐줬습니다."

옥사장이 어깨를 으쓱거렸다.

"때린 놈을 데려오라."

부리나케 뛰어나간 옥사장이 옥졸을 불러왔다.

"네놈이 이 모양으로 만들었느냐?"

"네."

상이 내려올 줄 알았는데 주먹이 날아왔다.

"누가 이렇게 패라고 하더냐? 여봐라, 옥사장! 이놈을 당장 하옥하라."

옥졸을 옥에 가둔 옥사장이 대령했다.

"물을 가져다 주거라."

물을 받은 박응서가 벌컥벌컥 들이켰다.

"너는 나가 있으라."

옥사장을 내보낸 김개가 근엄한 표정을 풀고 따뜻한 시선으로 내려다 보며 다정한 목소리로 말했다.

"무식한 것들이 뭘 모르고 이런 몹쓸 짓을 했으니 젊은이가 이해하시게."

눈물이 날 지경이다. 이대로 매만 맞다가 죽는 줄 알았는데 웬 사람이 나타나 위로해 주니 감동을 먹었다.

"이봐, 젊은이! 물건만 빼앗지 왜 사람을 죽였나?"

"……."

뭐라고 말을 하고 싶었으나 입이 열리지 않았다. 얻어맞아 이가 부러지고 입이 부었기 때문이다.

"사람만 죽이지 않았으면 살아날 방도가 있는데 사람을 죽여서리…."

말꼬리를 흐린 김개가 박응서의 표정을 살폈다. 말은 못하지만 살려달라고 애원하는 눈빛이었다.

"하늘이 무너져도 솟아날 구멍이 있다고 꼭 죽을 길만 있는 것은
아니지."

"살려주세요, 나리!"

상대가 누군지 모른다. 옥사장이 쩔쩔매는 걸 보면 지체 높은 사람
임에는 틀림없다. 어쩌면 자신의 목숨을 살려줄 수 있는 능력자인지
모른다.

"살려주십시오."

근육이 마비되어 떼어지지 않던 입이 열렸다. 허나, 말소리를 알아
들을 수 없었다.

"자네 선친을 봐서라도 살려주고 싶으니 내말 듣겠나?"

박응서의 아버지 박순은 홍문관 응교로 있을 때 천하의 권세가 윤
원형과 각을 세우다 귀양을 갔다가 유배가 풀려 대사간에 올랐다. 그
는 윤원형을 다시 탄핵하여 마침내 척신 일당을 제거했다. 불의와 타
협하지 않는 대단한 용자다. 율곡 이이가 탄핵되었을 때, 그를 옹호하
다가 도리어 양사의 탄핵을 받자 스스로 관직을 버리고 백운산에 암
자를 짓고 은거하던 강골이다.

서경덕에게 학문을 배운 박순은 성리학에 정통했으며 주역에도 능
했다. 퇴계 이황에게 학문을 가르쳤고 이이, 기대승, 성혼과도 깊이
사귀어 많은 선비들의 존경을 받았다.

"살려만 주신다면…."

박응서 입가에 엷은 미소가 그려지다 사라졌다.

"좋다. 살려주겠다."

"저는 빠져도 좋으니 서양갑과 심우영도 살려주십시오."

"하나도 아니고 둘이나?"

"네."

“자네 마음이 갸륵해서 모두 살려줌세.”

“감사합….”

말을 다 마치지 못한 박응서가 고개를 숙였다.

“그런데 조건이 있네. 내 말을 듣겠나?”

“네, 살려만 주신다면 무엇이든 하겠습니다.”

알 듯 모를 듯한 미소를 날리던 김개가 옥사장을 불렀다.

“옥사장! 이 젊은이에게 국밥을 넣어 주거라.”

밀담을 마친 김개는 어둠속으로 사라졌다.

영창대군을
제거하라

　1613년(광해 5) 4월 25일. 서청에서 친국親鞫이 열렸다. 영의정 이덕형, 좌의정 이항복, 판의금 박승종, 지의금 유공량과 민형남, 동지의금 조존세, 대사헌 최유원, 대사간 이지완, 형방승지 권진, 문사낭청 오정과 조희일이 추관推官으로 참석하고, 도승지 정엽, 좌승지 이덕형, 우승지 이신원, 좌부승지 목장흠, 동부승지 윤중삼, 주서 이용진, 가주서 안홍량, 대교 엄성, 검열 정백창이 입시했다. 이덕형과 이항복은 우리가 익히 알고 있는 오성과 한음이다.

　“네가 은장수를 죽였느냐?”

　“네.”

　“사람을 죽이고 살아남기를 원하느냐?”

"죽을 죄를 지었습니다. 죽여주십시오."

박응서가 눈물을 흘렸다.

"은을 빼앗아 어디에 쓰려고 했느냐?"

"영창대군을 옹립하는 데 군자금으로 쓰려고 했습니다."

"군사를 동원할 계획이 있었느냐?"

"3백여 명을 동원해서 대궐로 쳐들어갈 생각이었습니다."

"구체적으로 말해 보거라."

"먼저 뇌물을 써서 선전관과 내금위 숙위군, 궁궐 수문장을 매수해 내응할 발판을 마련한 다음, 집정자에게 뇌물로 주어 정협을 훈련대 장으로 임명하고 야음을 이용해 대궐을 습격하려 하였습니다."

왕의 입술이 파르르 떨렸다.

"그 다음 계획도 말해 보거라."

"제일 먼저 주상 전하가 계시는 대전^{大殿}을 범하고 두 번째로 동궁을 범한 다음 국보^{國寶}를 가지고 대비전에 나아가 수렴청정을 하도록 청하는 한편 성문을 굳게 닫고 백관을 모두 바꿔치려 하였습니다."

"대전을 범한다고 했는데 임금 얼굴을 알아야 임금을 범할 것 아니냐. 임금 얼굴을 아느냐?"

"모릅니다."

"내가 바로 임금이다."

"헉!"

박응서 입가에서 바람이 새어나왔다.

"격문도 만들었느냐?"

"네."

"어디 있느냐?"

"소인 머릿속에 있습니다."

"저 자에게 지필묵을 갖다 주거라."

광해가 문사낭청^{問事郎廳}에게 지시했다. 낭청이 붓을 가지고 뜰로 내려가서 그에게 쓰도록 했다. 박응서가 글쓰기를 마치자 낭청이 읽어 내려갔다. 격문을 들은 여러 신하들이 서로 얼굴을 마주보며 귀를 의심했다. 변려문^{駢儷文}으로 된 문체가 김개의 작품과 비슷했기 때문이었다.

"누구의 사주를 받았느냐?"

"영창대군의 외할아버지 김제남이 시켜서 했습니다."

국문은 더 이상 진행할 필요가 없었다. 이이첨이 박응서의 입을 통해 광해에게 들려주고 싶은 이야기가 나왔기 때문이다.

계축옥사로 김제남은 사사되었고 강화에 유배된 영창대군은 이이첨의 사주를 받은 강화부사 정항에 의해 죽임을 당했다. 그의 나이 8살이었다.

이이첨의 후예,
프레임 창조자 김기춘

현대사에도 프레임 기술자가 있다. 미스터 법질서라는 닉네임을 가지고 있는 김기춘이다. 누구를 위한 질서인지는 모르지만 아무튼 30대 초반 검사 시절부터 그에게 붙여졌다는 별명이다.

1939년 11월 25일 경남 거제에서 태어난 김기춘은 서울대 법대 3학년에 재중 중이던 1960년 고등고시 사법과에 합격하여 검찰에 입문했다. 광주지검과 부산지검, 서울지검을 거쳐 대구고검 검사장을 지냈다.

박정희 집권 당시, 유신헌법을 만드는 데 '좋은 머리'를 빌려줘 박정희로부터 '김똘똘'이라는 애칭을 얻었다. 최고 권력자가 머리 쓰다듬어 주는 데 감동 먹은 김기춘은 그때부터 주군의 충견이 되었다. 독재자는 선동 선전과 조작의 달인을 필요로 한다. 그의 능력을 간파한 박정희는 그를 곁에 두었다. 청와대 비서관이다.

1974년 8월15일. 광복절 기념식장에서 육영수 암살사건이 터졌다. 김기춘은 묵비권을 행사하던 문세광으로부터 하루만에 범행 일체를 자백받는 기염을 토했다. 당시는 인권은 뒷전이고 살인적인 고문이 횡행하던 시대다. 무슨 방법과 수단을 동원했는지는 그만이 알고 있다. 공로를 인정받은 김기춘은 승승장구 했다.

중앙정보부 대공수사국장과 서울지검 공안부장 재직시 정권이 위기를 겪을 때마다 유학생 간첩 조작사건과 납북어부 간첩사건 등 수많은 간첩 조작사건이 발생했다. 사실관계를 파헤쳐야 할 언론은 받아쓰기에 급급했고 우매한 백성들은 환호했다. 간첩과 공안사범이라면 딴지를 걸지 않는다는 사실을 김기춘은 너무나 잘 알고 있었다.

1991년 5월 8일, 노태우 정권 후반기. 시위를 진압하던 전투경찰에 의해 명지대 학생 강경대가 사망하는 사건이 발생했다. 제2의 이한열 사건으로 규정한 범국민세력은 투쟁의지를 불태웠다. 국민들의 민주화 열기가 고조되는 시기에 서강대 본관 옥상에서 전민련 사회부장 김기설이 투신했다.

정권에 항의하는 분신이 연일 계속되자 의로운 죽음은 뒤로 밀리고 죽음을 부추기는 세력이 있다는 음모론이 스멀스멀 피어오르기 시작했다. 민주화운동이라고 하면 떠오르는 인물 김지하가 "죽음의 굿

판을 걷어치우라."고 일갈했고, 서강대 총장 박홍은 '주사파의 준동'이라고 가세했다.

김기설의 분신자살 배후에 강기훈 전민련 총무부장이 있다는 보도가 언론에 도배질되기 시작했고 검찰은 대대적인 공안몰이에 나섰다. 분신자살한 김기설의 유서를 강기훈이 대필했다는 검찰의 발표로 분신정국은 급속히 공안정국으로 바뀌었다. 프레임 바꿔치기의 위력이다.

그 결과 강기훈은 구속 기소됐다. 당시 수사를 맡았던 검사는 "이 빨갱이 새끼야, 넌 내가 3시간만 매달아 취조하면 끝난다."고 강기훈을 겁박했다. 김기춘은 검사를 지휘하는 법무부 장관이었다. 강기훈은 2016년 5월 대법원 무죄 확정 판결을 받았다.

노태우 정권이 끝나갈 무렵, 김기춘은 부산의 유력 기관장들을 불러 "우리가 남이가?"라며 선거에 개입할 것을 부추겼다. 이른바 '초원복집' 사건이다. 사건이 법원으로 옮겨가자 불법선거에 개입한 국가안전기획부 부산지부장 이규삼, 부산지방검찰청 검사장 정경식, 부산지방경찰청장 박일용, 부산직할시장 김영환, 부산직할시 교육감 우명수, 부산상공회의소장 박남수 등 고위공직자와 기업인은 면죄를 받은 대신 불법선거를 고발한 국민당 관계자와 도청에 관여한 안기부 직원은 벌금 90만 원을 선고받았다.

정몽준 당시 국민당 정책위원회 의장은 '초원복집' 사건 관련자에게 도피자금을 제공한 혐의로 불구속 기소됐다. 반면 선거법 위반으로 기소된 김기춘은 무죄를 선고받았다. 이 결과에 대해 도둑은 무죄, "도둑놈 잡아라."고 소리친 사람은 유죄라는 말이 세간에 떠돌았다.

2014년 11월 28일, 정윤회가 국정을 농단했다고 세계일보가 폭로했다. '정윤회 문건유출 사건'이다. 박근혜 대통령은 수석비서관회의에서 '찌라시에 나라가 흔들렸고 문건의 내용은 허위'라며 국기를 흔든 사건은 법과 원칙에 따라 엄중히 다스려야 한다고 목소리를 높였다.

미행과 협박에 시달리던 서울경찰청 최경락 경위는 스스로 목숨을 끊었다. 재판에 넘겨진 박관천은 징역 7년을 선고받았고 조응천은 무죄를 선고받았다. 이 사건은 대한민국 권력서열 1위 최순실, 2위 정윤회, 3위 박근혜라는 말을 남겼다. 당시 대통령 비서실장은 프레임 바꿔치기의 달인 김기춘이었다.

불효는 패륜의 동의어다, 인목대비 유폐

마지막 남은 걸림돌은 인목대비다. 나이도 임금보다 어린 것이 엄마라고 궁궐에 들어앉아 어른 노릇을 하고 있으니 기가 찼다. 이이첨은 인목대비 말살 작전에 돌입했다. 인목대비 폐모다. 임진왜란을 겪으며 불타버린 창덕궁을 중건한 광해는 동궐東闕로 이어하고 인목대비를 서궁에 유폐幽閉했다.

인목대비 유폐는 많은 유생과 선비들을 경악케 했다. 불효不孝라는 것이다. 성리학을 신봉하는 유교국가에서 불효는 패륜과 동의어다. 성균관 유생과 조선 팔도의 선비들이 들고 일어났다. 민심이 천심이라 했던가? 민의를 등에 업은 서인西人이 쿠데타를 일으켰다. 인조반정이다. 사실은 민의가 아니다. 광해의 친청親淸 정책에 설 자리가 없어진 서인이 살아남기 위해 획책한 반란이다.

반정으로 실각한 광해는 강화에 위리안치 되었고 영남 지방으로 도망가던 이이첨은 여주 이포에서 잡혀 죽었다. '공작의 달인'이 맞이한 비참한 최후다.

김자점

김자점 金自點 (1588~1651)

선조 21년 태어나 광해, 인조시대를 거쳐
효종 2년 역모 혐의로 능지처참에 처해졌다.
안동 김씨. 아버지 김탁과 어머니 기계杞溪 유씨 유홍의 장녀 사이에
부친의 임지 낙안에서 태어났다.
성삼문, 박팽년과 함께 단종 복위를 도모하다 동지를 배반하고
세조에게 고해 바친 김질의 후손이며
할아버지는 강원도 관찰사를 지낸 김억령이다.

아버지를 따라 한양으로 올라온 소년 김자점은 훈도방 영희전 근처에 살면서 성혼의 문하에 들어가 공부했다. 성혼은 김종직과 조광조의 학문을 잇는 학통으로 김종직–김굉필–조광조–성수침의 학맥을 계승한 정통 사림파 성리학자다.

그는 과거를 거치지 않고 아버지의 후광을 입어 음보^{蔭補}로 출사하여 병조좌랑이 되었다. 광해 조에서는 인목대비를 두둔한다는 이유로 홀대를 받다가 인조반정에 참여하면서 주류로 진입하게 되었다.

인조의 애첩 귀인 조씨의 총애를 받은 김자점은 인조 조에서 부귀영화를 누렸다. 하지만 병자호란으로 국토를 유린하고 민족에게 아픔을 준 청나라에 정보를 넘긴 김자점은 북벌을 내세운 효종이 즉위하자 궁지에 몰리게 되었고, 아들 익이 군사를 동원하여 숭선군을 추대하려는 역모사건이 발각되어 아들 김식, 손자 김세룡과 함께 능지처참에 처해졌다. 그의 모친과 처, 첩 등은 모두 노비가 되었으며 이천 백족산에 있던 그의 아버지 김옥함의 묘도 파헤쳐져 부관참시되었다.

동시대를 살았던 인물로 홍타이지, 소현세자, 봉림대군, 인평대군, 임경업 장군이 있다.

청나라의
침략을 외면한 도원수

1636년(인조 14) 12월 6일, 의주 용골산에 봉화 두 자루가 올랐다.

"봉화가 도성에 이르면 소란스러워진다."

김자점은 자모산에서 봉화를 끊었다. 서북방면군사령관 도원수 김자점은 평양 인근 자모산성에 주둔하고 있었다. 7일, 연이어 두 번 봉화가 올랐다. 의주의 다급한 몸짓이었다.

"소식이 도성에 알려지면 임금이 놀라고 백성이 동요한다."

김자점은 무시했고 더 이상 의주의 비명은 없었다. 김자점은 자만했다. 하지만 무장의 예민한 후각에 뭔가가 포착되었다. 무엇인지 모르지만 느낌이 좋지 않았다. 9일, 김자점은 군관 신용을 불렀다.

"귀관이 동태를 살펴 보고하라."

"옛."

"헛되이 봉화를 올린 자가 있으면 베어도 좋다."

즉결처분권이다. 의주로 향하던 신용은 눈을 의심했다. 적은 이미 의주를 통과해 평양 지척까지 진출해 있었다. 기겁한 신용이 황급히 말머리를 돌렸다.

"적이 숙천에 와 있습니다."

"뭣이라고?"

"정말입니다."

"그럴 리 없다."

"제 눈으로 똑똑히 보았습니다."

"어찌 헛된 말로 군정軍情을 어지럽히려 드느냐?"

김자점이 칼을 빼어 들었다.

"적이 내일이면 여기에 당도할 터이니 하루만 기다렸다 베어도 늦지 않습니다."

거짓인지 참인지 하루면 판명될 것이라는 얘기다. 잠시 후, 적정을 살피러 나갔던 또 다른 군관이 신용의 보고를 확인해 주었다. 그제야 김자점은 부랴부랴 조정에 장계를 올렸다. 하지만 이미 청군 수중에 떨어진 역로를 달리던 전령은 청군의 칼날에 쓰러지고 장계는 탈취되었다.

7일, 압록강을 건넌 청군은 백마산성의 임경업군과 자모산성의 김자점군을 상대하지 않고 파죽지세로 남하했다. 조선군의 저항은 없었다. 팔기군을 앞세운 청군의 기세에 대적할 조선군은 어디에도 없었다. 역로와 역참은 적의 수중에 떨어졌고 봉화대는 봉쇄되었다. 산성에 들어간 군대는 고립되었고 통신은 마비되었다.

12일, 임경업이 보낸 장계가 사선을 뚫고 한양에 도착했다. 청군이 이미 송도를 통과했다는 개성유수의 장계가 조정에 도착한 날이 13일, 모든 보고는 뒷북만 치고 있었다.

공포의 기병대, 팔기군의 전설

송화강과 목단강 유역에 살고 있던 건주 여진족은 나하추가 명나라에 항복하고 조선이 4군을 설치하자 동가강 유역으로 옮겨갔다. 여진족의 부족장이던 누르하치는 혼하^{渾河} 유역에 자리를 잡고 군사 조직에 심혈을 기울였다.

150여 가구가 시^矢라는 중대로 조직되었고, 10개 중대가 연대를 이루었으며 5개 연대, 즉 7,500가구 규모의 부대가 하나의 기^旗를 이루었다. 평시에는 생업에 종사하고 유사시에는 군대가 되는 병민일체^{兵民一體} 조직이다. 이렇게 하여 8기군의 전신 4기군이 편성되었다.

청나라 8기군 깃발

누르하치는 항복하거나 정복한 부족들을 시기^{矢旗} 군사 계급으로 흡수 편입하여 황^黃, 적^赤, 백^白, 남^藍기를 내리고 아들들로 하여금 통치하게 했다. 이들이 청태종으로 등극한 여덟째 홍타이지, 둘째 예친왕^{禮親王} 다이산, 열두째 영친왕 아지거, 열네째 예친왕^{睿親王} 도르곤이다.

남의 불행은 나의 행운이라 했던가. 누르하치가 세력을 키우는 데 결정적인 기회를 제공한 것은 임진왜란이었다. 조선 강토는 왜군에 짓밟혀 신음했고 조선에 원군을 보낸 명나라는 휘청거렸다. 이것은 누르하치에게 하늘이 준 기회였다. 누르하치는 해서 여진과 야인을 통합하여 4기군을 8기군으로 확대 재편성했다.

1616년, 막강한 군사력을 바탕으로 후금 칸의 지위에 오른 누르하치는 1619년, 무순과 요동을 점령하고 심양으로 천도했다. 명나라에 정면대결을 선언한 것이다. 동조세력이 필요했떤 누르하치는 몽골족을 끌어들였다. 명明 태조 주원장에 의해 북쪽으로 쫓겨간 몽골족을 명나라 정복 대열에 참여시킨 것이다. 오랑캐를 오랑캐로 치듯이 한족에 원한을 품고 있는 몽골족을 이용하여 명나라를 친다는 것. 절묘한 전략이다.

만주족은 몽골족과 적극적인 혼인관계를 맺었다. 누르하치와 그의 아들들은 모두 6명의 몽골 여인과 혼인했다. 종족간 결혼은 군사동맹 이상의 혼인동맹이다. 홍타이지는 12명의 딸을 몽골 부족장들에게 시집보내 결혼동맹을 한층 강화했다.

누르하치에 이어 황제로 등극한 홍타이지는 목표를 북경으로 설정했다. 요하를 건너 서진하려면 북방에 있는 몽골과 바닷길로 맞닿아 있는 조선이 걸림돌이 되었다. 몽골은 뒤통수를 칠 수 있는 위치에 있었고 조선은 육전陸戰에 익숙한 자신들에게 위협적인 수군水軍이 있었다. 더욱이 조선 수군은 불과 40년 전, 한반도를 짓밟은 일본군을 바다에 수장시킨 경험이 있으며 전설적인 장수 이순신을 배출한 수전 강국이지 않은가.

1635년, 홍타이지는 사돈의 나라 몽골을 공략했다. 뒤통수의 후환을 없애기 위한 선제공격이다. 허를 찔린 몽골 부족장들은 홍타이지에게 옥새玉璽를 바치며 몽골 가한可汗의 칭호를 올렸다. 대제국 원나라의 정통성까지 확보한 홍타이지는 1636년, 국호를 청나라로 개칭하고 몽골족과 한족을 각각 별도의 8기군으로 편성했다.

명나라와 일전을 준비하고 있던 청나라는 심양을 방문한 사신 박노에게 제고지문制誥之文을 보내 정묘호란으로 맺어진 '형제맹약'을 파기하고 군신관계를 요구했다. 조선을 한반도에 묶어두기 위한 전략이다. 조선이 이에 불응하자 11월 25일까지 왕자를 보내라고 최후 통첩을 보냈다. 하지만 조선은 홍타이지의 요구를 묵살했다.

12월 1일, 다이산, 아지거, 도르곤, 도도 형제와 경중명, 공유덕 등 이민족 출신 왕과 장수들을 심양에 소집한 홍타이지는 아우 도르곤에게 여진족 7만, 몽골족 3만, 한족 2만, 도합 12만의 군사를 주어 조선을 정벌하라 명령했다. 이른바 동정東征이다.

12월 5일, 압록강변 구련성에 도착한 도르곤은 전열을 정비하며 이틀 동안 냄새를 피웠다. 대군의 침공을 눈치챈 조선이 알아서 복종하기를 기대한 것이다. 청군 지휘부에서는 이미 조선인 세작을 풀어 조선군의 군세를 꿰뚫어보고 있었다. 그런데도 조선은 묵묵부답이었다. 군대랄 것도 없는 조선이 뭘 믿고 배짱을 부리는지 의아스러웠지만 더 기다려줄 여유는 없었다. 드디어 팔기군을 앞세운 청나라 군대가 압록강을 건넜다.

이 무렵, '구련성의 청군 동태가 심상치 않다'는 국경수비대의 봉화가 두 자루 올랐다. 그러나 도원수 김자점은 봉화를 차단했다. 압록강을 건넌 도르곤은 선봉장 타닥에게 몽골족 군병 3만을 주어 한양을 향해 진군하라 명했다.

수적인 열세를 통감한 의주부윤 임경업은 휘하 군사를 이끌고 백마산성으로 들어갔다. 청나라 본진이 지나간 다음, 꼬리를 자르고 배후를 협공하기 위한 전술적 복안이었다. 그러나 도원수에게 요청한 증원군은 오지 않았다.

선봉장 타닥은 백마산성으로 들어가버린 임경업군을 후속부대에 넘기고 남하했다. 청나라 선봉대가 정주와 안주를 지나는 동안 조선군은 그림자도 비치지 않았다. 평양에 무혈 입성한 청나라 군대가 개성을 지났다는 송도유수의 장계가 대궐로 날아들었다. 이때 청군은 이미 홍제원 밖 양철평을 지나고 있었다. 사태의 심각성을 깨달은 인조는 예방승지 한흥일에게 신주를 받들고 강화도로 떠나라 명했다.

청나라 선봉장 타닥은 정묘호란 때 왕을 놓쳐버린 전철을 밟지 않기 위하여 선수를 쳤다. 양화진이 봉쇄되고 김포가 적의 수중에 떨어졌다. 임금이 허둥지둥 대궐을 빠져나와 강화도로 가려 했으나 이미 길이 막혔다. 인조는 숭례문 누각에 올라 탄식했다. 그 모습을 지켜보는 호종신하들은 가슴이 미어졌다.

남한산성의 항전,
적은 추위와 배고픔

발길을 돌린 인조는 구리개를 거쳐 시구문을 빠져나갔다. 청군이 압록강을 건넌 지 7일만이다. 얼어붙은 삼전도를 거쳐 남한산성으로 들어간 인조에겐 군사 1만 3000명과 50일분의 식량이 있었다.

팔도의 근왕군이 산성에 갇힌 임금을 구하겠다고 출동했지만 청군의 포위망을 뚫지 못했다. 식량은 떨어져 가는데 싸울 병력도 없는 조정 대신들은 척화파와 주화파로 갈려 갑론을박 논쟁만 벌였다.

아버지의 나라 명나라를 멀리하는 것은 배신이라는 척화파와 대륙의 지각변동을 받아들여야 약소국이 살아남는 길이라는 주화파의 설전은 행궁에 홍이포가 떨어져도 그칠줄 몰랐다.

임진왜란 때 도와준 명나라를 배신하는 것은 배은망덕이라는 논리를 펴는 척화파는 김상헌이 이끌었다. 힘이 부치는 걸 뻔히 알면서 항전할 것만 고집하다가 하루아침에 망하게 되면 종사를 어디에서 보존하겠느냐는 주장은 최명길이 주도했다.

결국 추위와 배고픔을 견디지 못한 인조는 남한산성을 나와 삼전도에서 항복했다. 오랑캐라고 멸시하던 여진족 출신 홍타이지에게 무릎을 꿇은 것이다. 조선은 이게 창피했던지 정축하성^{丁丑下城}이라 했다.

조선왕의 항복을 받아낸 홍타이지는 소현세자와 봉림대군을 비롯한 인질과 수십만의 포로를 끌고 심양으로 돌아갔다. 이때 붙잡혀간 조선의 여자들은 포로시장에서 팔렸고 탈출하여 돌아온 여자들은 조국으로부터 배척당했다. 환향녀^{還鄕女}들이다.

창경궁으로 돌아온 인조는 전쟁 후유증 수습에 착수했다. 사헌부와 사간원이 나섰다.

"강화도 수호의 임무를 맡은 제신들이 천년요새를 지킬 생각은 하지 않고 한가하게 술 마시며 놀다가 적의 배가 바다를 건너자 자기들만 살자고 도망갔습니다. 빈궁과 원손을 버리고 도망간 검찰사 김경징, 부사 이민구, 강화유수 장신, 경기수사 신경진, 충청수사 강진흔은 모두 율에 따라 죄를 주소서."

"김자점과 심기원, 윤숙을 중도에 정배하고 김경징과 장신은 서쪽 변방에 유배하라."

"전하께서는 무슨 이유로 그들의 사형을 면하십니까? 혹시 그들의 죄상을 몰라서 그러시는 것입니까? 마땅히 죽일 만한 죄가 있는데도 죽이지 못하시는 연유가 무엇입니까?"

"김경징이 거느린 군사는 매우 적었고 장신은 조수^{潮水} 때문에 배를 통제할 수 없었다고 한다. 율대로 처형하는 것은 너무 과할 듯싶다."

"김경징과 장신에게 사형을 감하여 정배하라고 명하셨는데, 만약 그리 한다면 백성들의 분노를 풀 수가 없으니 율대로 처결하소서."

"그들의 전공을 생각하면 차마 참에 처할 수 없으니 자진케 하라."

"김류는 정승 자리에 있으면서 병권을 쥐어 뇌물을 바치려는 자들이 문전에 줄을 섰습니다. 그 아들 경징은 제 집안이 난리를 피하는데 검찰사라는 직책을 남용했고, 강화도로 들어갈 때 제 집안 일행을 먼저 건너게 하고 묘사와 빈궁을 사흘 동안 나루에 머물러 두었습니다. 경징은 종사의 죄인입니다. 군율 어디에 자진이 있습니까?"

협수사 유백증이 논박했다. 아버지의 권세를 믿고 기고만장하던 김경징은 처형되었다. 한때는 나는 매도 떨어뜨릴 권세를 부리던 김경징이었다.

외딴섬에
유배된 김자점

강화도 앞 외딴섬. 숨어 지내기 좋은 곳으로 알려져 병자호란 당시 강화도가 함락될 때 세자빈 강씨가 두 아들 석철과 석견을 피난보냈던 천혜의 은신처다.

갈매기가 한가로운 바닷가에서 동쪽 하늘을 바라보며 한숨을 쉬는 사내가 있었다. 김자점이다.

"도성 공기가 그립구나."

역시 그는 권력 지향적인 사내였다.

"반정군을 이끌고 자하문 고개를 넘을 때가 좋았는데…."

그렇다. 그는 인조, 이귀, 이괄과 함께 광해를 몰아내기로 결의하고 홍제원을 출발하여 창의문을 부수고 창덕궁을 접수하여 인조반정을 성공시킨 핵심 멤버였다.

"자모산성에서 실수를 한건 인정한다. 헌데, 내가 봉화를 차단하지 않았다고 해도 전쟁은 이길 수 없는 상황이었지 않나. 그런데 내가 독박을 쓰고 여기서 이렇게 썩고 있단 말인가?"

이때였다. 그를 감시하는 군졸이 다가왔다.

"모셔오라는 명령입니다."

"어디로?"

"가보시면 압니다."

배를 탔다. 파도가 뱃전에 부딪치며 철석인다. 어디로 가는지 모른다. 배를 침몰시켜 수장水葬시킬 수도 있겠구나 생각하니 모골이 송연하다. 부질없는 공상에 잠겨 있을 때 배가 육지에 닿았다. 아니, 본도에 닿았다. 외포리다. 포구에는 진장鎭將이 나와 있었다.

"손님이 찾아 왔습니다."

"어디에서 왔다던가?"

"한양에서 왔다 합니다."

"뉘시라던가?"

"가보시면 압니다."

유배된 자라도 함부로 하지 못한다. 언제 유배가 풀려 고관대작으로 복귀할는지 모른다. 잘 모셔 승진의 끈을 잡을 수도 있고 박절하게 대해 미운털이 박힐 수도 있다. 진영鎭營으로 들어간 김자점은 의외의 인물에 눈을 의심했다. 쓰게치마를 둘러 쓴 여인이 기다리고 있지 않은가.

"모셔왔습니다."

"알았다. 나가 있으라."

수하를 거느린 진장에게 하대하는 것으로 보아 지체가 높은 사람인 것 같다.

"뉘시온지요?"

"묻지 말고 내가 묻는 말에 대답이나 하세요."

목소리는 부드러웠지만 사뭇 명령조다.

"지난번 국문 때, 내 그대를 눈여겨 보았소. 장군의 꿈은 무엇이오?"

일언지하에 하대다. 임금 앞에 불려가 직무유기를 추궁당하는 것을 보았다면 이거 보통 여자가 아니다. 김자점은 정신이 번쩍 들었다.

"사나이로 태어나서 무엇이 되고 싶으냐 물었소."

"우선은 여기에서 풀려나는 것이 소망이고 다행히 죽지 않고 풀려난다면 병조판서나 한 번 해보고 싶소."

"하하하…."

여자 목소리답지 않게 호탕하다.

"사나이로 태어났으면 영의정은 한번 해먹어야지 병판이 뭡니까? 난 그대가 대인배인줄 알았는데 내가 사람을 잘못 본 것 같소."

여인이 자리에서 일어났다. 김자점도 덩달아 일어났다.

"아니, 이렇게 일어나시면 어찌합니까? 사나이 가슴에 불을 질러놓고…."

"불이요?"

여인이 의미심장한 웃음을 흘렸다.

"그렇습니다."

"그러면 물을 뿌려 주리다."

여인이 다시 자리에 앉았다.

"여기 유배지를 빠져 나가지 못하고 죽을 수도 있지요?"

"그렇습니다."

사실 유배란 정죄^{正罪}가 아니다. 해배^{解配}하면 풀리고 이배^{移配}하면 옮겨가고, 사약^{賜藥}을 내리면 마셔야 한다. 철저하게 자의가 제한된 타의의 삶이다.

"장군을 죽이자는 공론이 있습니다."

"넷?"

김자점은 현기증을 느꼈다. 우려가 현실로 다가오는 것만 같았다. 그렇다. 전후 수습책이 여의치 못해 궁지에 몰린 인조는 희생양을 찾고 있었다. 그 선상에 김자점이 오른 것이다.

"도대체 댁은 누구십니까?"

자신의 목숨을 입에 올릴 수 있는 사람이라면 신분이라도 알고 싶었다.

"장군의 생사여탈권을 쥐고 있는 사람과 가장 가까운 사람이오."

"몰라 뵈어서 죽을 죄를 지었습니다."

김자점이 그 자리에서 무릎을 꺾었다. 정3품 품계에 눌린 것이 아니다. 소용 조씨, 그녀는 궁궐의 핵이다. 후궁은 간택을 통하여 입궁하거나 궁녀로 들어와 임금의 눈에 띄는 경우가 있다. 그러나 조씨는 중전의 형부가 되는 승지 여이징의 천거로 궁에 들어왔다. 뒷구멍으로 들어온 것이다.

궁에 들어온 조씨는 한눈에 인조의 시선을 사로잡았다. 종4품 숙원^{淑媛}에서 정3품 소용^{昭容}을 순식간에 꿰찼다. 병약한 인열왕후와 숙의 장씨가 있었지만 인조는 요염한 조씨에게 빠져 들었다.

"살려주면 은혜를 갚겠소?"

"결초보은하겠습니다."

"말로만 그러지 말고 행동으로 보여 주시오."

칼과 먹물을 준비한 김자점이 자신의 왼손 중지 마디에 예리한 칼 끝으로 상처를 내고 먹물을 집어넣었다. 완성된 글자는 주중초심^{走中肖心}. 주^走와 초^肖를 합하면 조^趙가 되고 중^中과 심^心을 합하면 충^忠이 된다. 조씨에게 충성을 바치겠다는 뜻이다.

"믿어도 되겠소?"

"배신하면 손가락을 자르소서."

김자점이 문신이 새겨진 손가락을 내보였다.

"사나이 대장부가 자르려면 그것을 잘라야지 손가락을 잘라 뭣에 쓰겠소. 하 하 하…."

민망해진 김자점의 얼굴이 붉어졌다.

"알았소. 며칠만 기다리시오."

소용 조씨의 도움으로 유배가 풀린 김자점은 유배지 강화유수가 된 지 한 달만에 호위대장이 되었다. 초고속 승진이다. 순풍을 만난 김자점은 승승장구했다. 한성판윤을 거쳐 병조판서까지 치고 올라갔다. 그가 바라던 병판직에 오른 것이다.

소용 조씨는 김자점의 우직한 성격에 끌렸다. 도움을 주면 돌쇠처럼 충성을 바칠 것 같은 믿음이 있었다. 그녀는 가장 곤경에 처한 사람을 구원해 주었을 때 그 사람이 목숨 바쳐 충성한다는 사실을 알고 있는 여인이었다.

왕비의 침전,
통명전을 꿰차고 앉은 후궁

대륙이 지각변동을 일으켰다. 명나라가 망하고 청나라가 천하의 주인이 된 것이다. 청나라 군대를 따라 북경에 들어간 소현세자는 아버지의 나라 명나라가 망하는 모습을 두 눈으로 똑똑히 보았다. 믿어지지 않았으나 현실이었다. 북경 천도를 완료한 섭정왕 도르곤이 소현세자를 불렀다. 불에 탄 잔해가 아직도 남아 있는 자금성은 을씨년스러웠다.

"북경을 얻기 전에는 두 나라가 서로 의심하는 마음이 없지 않았다. 지금은 역사가 새로이 이루어졌으니 세자는 여기에 머물러 있을 필요가 없다. 본국으로 영구히 보낼 것이니 돌아가도록 하라."

청나라가 조선을 침략하고 세자를 볼모로 잡아간 이유가 극명하게 드러났다. 청나라의 최종 목표는 북경이었다. 중원을 손에 넣기 위하여 조선을 침공하고 세자를 인질로 삼은 것이다. 청나라가 대륙을 손아귀에 넣기 위해서는 조선과 명나라의 연결고리를 끊고 조선을 한반도에 묶어두려는 전략이었다.

통명전은 중전의 침전이다. 하늘의 기를 받아 왕자를 생산하라는 의미로 용마루가 없는 것이 특징이다. 이러한 왕비의 생활 공간에 원비 인열왕후가 죽고 중전이 없는 공백기를 틈타 후궁이 슬며시 들어앉았다. 전란으로 많은 전각이 소실되어 마땅히 들어갈 곳이 없었다 해도 국법에 어긋나는 일이다. 하지만 소용 조씨의 위세에 눌린 조정 대신들은 누구하나 문제 제기를 하지 않았다.

통명전은 동궐 내전 가운데 규모가 가장 크고 화려하다. 성종 때 창건하였으나 임진왜란 때 불타버린 것을 광해가 다시 지었다. 창경궁 정전을 명정전이라 지은 서거정은 편전을 문정전이라 짓고 왕의 침전을 수녕전, 왕비의 침전을 통명전이라 명명했다.

내명부의 수장은 왕비 조씨다. 하지만 나이가 어리고 대궐 경륜이 짧다. 내전을 장악한 소용 조씨의 위세에 눌려 조용히 보내고 있다. 소현세자의 생모 원비 한씨가 살아 있을 때부터 궁에 들어와 인조의 총애를 받은 소용 조씨가 안주인 노릇을 하고 있었다.

"불러 계시옵니까?"

통명전을 찾은 김자점이 머리를 조아렸다.

"대감은 지금 어디에 있습니까?"

"여기에 와 있습지요."

동문서답인지 서문동답인지 모르겠다.

"어느 직에 있느냐? 그 말씀입니다."

"아 네, 병조兵曹를 맡고 있습니다."

김자점을 위아래로 훑어보던 조씨가 퉁명스럽게 던졌다.

"대감은 병판에 만족하실 겁니까?"

"그야, 뭐…."

김자점이 뒷머리를 긁적였다.

"얼마 후면 영상領相이 나이가 많아 그 자리를 내놓게 되었다 그 말씀입니다."

"예?"

눈이 번쩍 뜨였다.

"사나이 대장부라면 일인지하 만인지상, 영상領相은 한번 해 먹어야 하지 않겠어요?"

통명전. 하늘의 기를 받아 왕자를 생산하라는 의미로 용마루가 없다.

"황감합니다."

군주에게 쓰는 언어가 저도 모르게 튀어나왔다.

"지금 어떤 직을 겸하고 있지요?"

"약방 제조입니다."

"내가 영감을 그 자리에 앉혀놓은 이유가 무엇 때문인지 아시죠?"

"알다 뿐이겠습니까."

"세자가 돌아오면 잘 처리하세요."

"알겠습니다."

"추호도 착오가 있어서는 안 됩니다."

"명심하겠습니다.

통명전을 빠져 나가는 김자점이 콧노래를 불렀다.

소현세자를
제거하라

소현세자가 돌아왔다. 망국의 한을 품고 심양으로 끌려간 지 8년. 얼마나 그리웠던 조국인가? 하지만 부왕은 싸늘했다. 소용 조씨가 세자를 백방으로 모함 했던 탓에 세자를 고국으로 돌려보낸 청나라가 자신을 대신 북경으로 불러들이고 세자를 왕위에 올리려 한다고 의심하고 있었던 것이다.

세자빈도 돌아왔다. 그동안 누구의 견제도 받지 않고 내명부를 주무르던 소용 조씨는 긴장하지 않을 수 없었다. 세자빈이 누군가. 장차 왕후가 될 사람이다. 후궁인 자신과는 격이 다르다. 세자빈이 내명부의 기강을 바로잡자고 들면 그동안 누려온 자신의 권위는 하루아침에 물거품이 될 것이다.

"세자 저하의 영구 귀국은 나라의 경사입니다. 신민들의 기뻐하는 마음이 이루 헤아릴 수 없사오니 한번쯤 하례를 올리고 옥안을 우러러 뵙는 것이 도리입니다."

"마음으로 경하해도 부족함이 없다."

인조는 냉담했다. 신하들이 세자를 볼 필요가 없다는 것이다.

4월23일, 저녁 식사를 마친 소현세자는 잠자리에 들었으나 잠을 이루지 못하고 오한과 발열을 동반한 증상으로 시달렸다. 세자가 급환으로 시달린다는 보고를 받은 인조는 어의 박군으로 하여금 동궁에 들어가 살펴보도록 했다. 진맥을 마친 박군이 동료 어의들과 함께 양화당으로 향했다.

"세자의 병이 무엇이더냐?"

"학질입니다."

"무슨 약을 쓰면 되겠는가?"

"학질에는 열이 많은 풍학風瘧, 오한이 심한 한학寒瘧, 비를 맞아 발작하는 습학濕瘧 고질병이 된 노학老瘧, 열도 오한도 미지근한 해학解瘧 등이 있는데, 세자의 증상은 오한과 열이 있으므로 쌍해음자雙解飮子, 지룡음地龍飮, 강활창출탕羌活蒼朮湯, 장달환瘴疸丸, 관음원觀音院을 쓰면 효험이 있습니다."

어의 유후성이 동의보감의 처방을 열거하며 충분히 다스릴 수 있는 질환이라고 힘주어 말했다.

"탕약을 준비하라."

왕명을 받은 어의 박군과 유후성이 물러난 직후, 약방 제조 김자점이 들어왔다.

"세자의 질환에는 침이 특효입니다."

"침이라 했소?"

"네, 전하!"

잠시 침묵이 흘렀다.

"전하의 옥체에도 침이 효과가 있었사오니 세자에게도 침을 놓도록 하소서."

곁에서 잠자코 있던 소용 조씨가 침의 효험을 상기시켰다.

"세자에게 침을 놓도록 하라."

탕약은 취소되었다. 양화당을 물러나온 약방제조 김자점은 급히 이형익을 불렀다.

"세자 저하에게 침을 놓아라."

이형익은 공식 어의御醫가 아니다. 그는 예산 대흥동 조씨의 친정집을 드나들던 침쟁이였다. 그는 침을 손으로 놓은 것이 아니라 혀와 손끝으로 놓은 술사^{術邪}에 가까운 침의^{鍼醫}였다. 환자들은 그의 세치 혀에 녹았고 손끝에 무너졌다. 특히 여자들이 현혹되었다. 혈을 찾는 그의 손이 은밀한 곳에 머무르면 대부분의 여자들은 자지러졌다. 그를 한양으로 끌어올린 장본인이 조씨다.

소현세자가 환경전에서 숨을 거두었다. 향년 33세, 발병 사흘만이다. 날씨는 맑았으나 하늘도 울고 땅도 울었다. 대소신료들은 망연자실 말을 잃었다. 소용 조씨의 엄명에 따라 궁인과 궁노들에게 함구령이 떨어졌다. 입단속에도 불구하고 궁궐 담장을 넘어간 소문은 빠르게 도성에 퍼졌다.

"세자가 독살당했다며?"

"독살이 아니구 독침이래."

"독침이나 독살이나 그게 그거지….'"

"그런 말 함부로 했다간 목이 두 개라도 부족혀."

"입은 삐뚤어졌어도 말은 바로 하라고, 멀쩡한 젊은 사람이 사흘만에 왜 죽냐?"

"학질이래잖아."

"나도 학질에 걸려봤지만 땀 한번 흠씬 흘리고 나면 거뜬히 일어날 수 있어."

"맞어, 나도 앓아봤는데 콩나물국에 고춧가루 풀어서 먹으면 그만이야."

"사람 나름이지."

"추운 오랑캐 땅에서도 살아난 목숨인데 학질 따위에 죽는다는 게 말이 되냐?"

배오개와 칠패시장 장사꾼들이 수군거렸다. 조정은 국장도감을 설치하고 국상 체제에 돌입했다. 인조가 도제조 김자점을 비롯한 대소 신료들을 편전으로 불러들였다.

"사흘만에 입관하라."

"세자 저하를 그렇게 대하는 것은 예의가 아니옵니다."

예조에서 난색을 표했다.

"사흘만에 입관하는 것은 사대부와 똑같은데 안 될 일이 무엇이 있겠는가? 재궁梓宮이란 두 글자도 쓰지 말고 구柩 자를 쓰라."

"구柩자는 사가에서 쓰는 것이므로 왕세자의 상에는 적절하지 않습니다."

보덕 서상리, 필선 안시현, 겸필선 신익전, 문학 오빈, 사서 유경창, 설서 장차주가 연대하여 진언했다.

"쓰라면 쓸 일이지 왜 이리 말이 많은가?"

인조가 역정을 냈다.

"원으로 할까요, 묘로 할까요?"

왕실 묘제는 능, 원, 묘로 구분된다. 등극했거나 추존된 왕과 왕후는 능陵, 세자와 세자빈은 원園, 강등된 왕과 사친은 묘墓로 칭했다. 연산군 묘와 광해군 묘가 여기에 해당된다.

"묘로 하라."

인조는 세자의 사인을 규명하지 않고, 어의들에게 관례적인 책임도 지우지 않은 채 입회인을 제한하여 입관을 서둘렀다. 예정된 수순처럼 거침없는 인조의 태도에 신하들은 입을 닫았다.

당대 최고의 풍수는 장진한이다. 그는 인조의 생모 계운궁을 김포로 천장하여 인조의 신임을 받고 있었다. 김자점이 장진한을 은밀히 불렀다.

"지관은 뭐하는 사람이오?"

"지상地相을 살피는 사람입니다."

"땅에는 길지가 있고 흉지가 있다 들었소. 그렇소이까?"

"그렇습니다, 대감!"

"길지를 찾는 사람이 있으면 흉지를 찾는 사람도 있을 것 아닙니까?"

"풍수쟁이 40여 년 동안 그런 사람은 보지 못했습니다."

"난 지상은 모르지만 관상은 좀 볼 줄 아오, 그대가 그런 사람을 만날 상이오. 하하하."

김자점의 웃음소리에 소름이 끼쳤다. 김자점이 누구인가. 나는 매도 떨어뜨린다는 낙흥군 대감이 아닌가. 김자점의 집을 나선 장진한은 다리가 후들거렸다. 이튿날, 궁에 들어간 장진한은 길지로 잡은 자리를 취소하고 흉지를 추천했다.

세자 소현이 죽자 인조는 세손을 배제하고 봉림대군을 세자에 책봉했다. 그리고 자신의 수라에 독약을 넣었다는 혐의로 세자빈 강씨를 사사하고 그의 아들 석철과 석견을 제주로 유배보내 죽게 했다. 바로 자신의 친손자다. 이 모든 것은 소용 조씨가 기획했고 김자점이 돌쇠 노릇을 한 것이다.

왕의 여자와 차 한잔,
독일까? 약일까?

소용 조씨의 부름을 받은 김자점이 후궁전을 찾았다. 신록이 우거

진 통명전은 한 폭의 그림이었다.

"어서 오시오. 대감!"

소용 조씨의 얼굴에 화사한 미소가 흘렀다.

"마마! 문후 여쭈옵니다."

"하하하, 이 밤중에 문후라니 어울리지 않는구려."

가소롭지만 귀엽다는 표정이다. 사실 소용 조씨는 오늘밤 인조를 맞을 채비로 몸단장하고 있었다. 허나, 임금이 오지 못한다는 전갈을 받았다. 몸이 불편하다는 것은 구실일 뿐, 귀인 장씨에게 가려는 연막이라는 것을 풀어놓은 아이들을 통하여 알고 있었다. 하지만 투기는 화(禍)를 부른다. 부글부글 끓고 있는 심정을 위로해 준다는 것인지 불러주어 고맙다는 것인지 아리송하다.

"망극하옵니다."

속마음을 들킨 것 같아 얼굴이 붉어졌다.

"오늘밤 전하를 뫼실 예정이었지만 성상께서 쉬고 싶다 하시어 대감과 차라도 한잔 하고 싶어서 불렀습니다."

"황공하옵니다."

"전하께서 병판과 김 대감에게 내구마 1필씩을 하사했다는데, 참이오?"

"그렇습니다."

내구마는 오늘날로 치면 고급 승용차다.

"경하하오."

"모두가 마마의 은덕이라 생각합니다."

"은혜라니요. 기왕이면 좋은 걸로 주라고 했을 뿐입니다."

"황공무지로소이다."

김자점이 소용 조씨 앞에 머리를 박았다.

"뭣들 하느냐? 냉큼 차를 내오지 않고."

소용 조씨가 합문을 향하여 소리쳤다. 기다렸다는 듯이 내전 상궁이 차를 대령했다. 중전이 경희궁으로 쫓겨간 이후, 중전을 모시던 내전 상궁이 아예 후궁전에 붙었다.

"어서 드시지요."

"예."

김자점이 찻잔을 들었다. 구중궁궐 깊은 곳에서 임금이 총애하는 후궁과 차를 마시는 것이 행인지 불행인지 그는 알 길이 없었다.

왕실과 혼인, 가문의 영광?

땅거미가 짙게 내린 궁궐 깊숙한 곳에 자리잡은 통명전에 다향茶香이 그윽하다. 주군이 총애하는 여인과 마주하고 있는 시간, 한없이 황송했고 한편으로는 불편했다. 바늘방석 같아 빨리 일어나고 싶은 생각과 오랜 시간 대화를 나누고 싶은 욕망이 교차했다.

"그래, 저자의 공기는 어떠합디까?"

"성난 암캐가 후원에 틀어박혀 있는 동안 인심이 흉흉해 장사가 안 되었는데 이제는 잘 될 것이라 대환영입니다."

"암, 그래야지요."

소용 조씨가 엷은 미소를 지었다. 자신의 앓던 이가 빠짐으로써 만 백성들이 좋아한다면 더할 나위 없었다.

"조정에서는 더 이상 말이 없습니까?"

"양주에 내려가 있는 청음이 좀 거슬리기는 하지만 대체적인 정지 작업이 끝났습니다."

"대감의 노고가 크구려."

"망극하옵니다."

소현세자와 함께 청나라에서 돌아온 김상헌은 인조의 관직 제수를 사양하고 덕소에 내려가 있었다. 허나, 그를 따르는 젊은 선비들이 인조에겐 부담스러운 존재였다.

"대감! 미운 놈 떡 하나 더 준다는 말을 알고 있지요?"

소용 조씨가 의미심장한 말을 던졌다.

"예."

"이번에 대감이 올라가면 그 자리를 청음에게 돌아가도록 하세요."

"받들어 모시겠습니다."

영의정 김류의 사직으로 영상 자리가 비어 있다. 그 자리로 밀어 올려줄 테니 좌상 자리는 김상헌이 사양하지 않도록 설득하라는 것이다. 어명보다도 지엄한 후궁전의 명이다.

"후원에서 불어오는 바깥바람을 쐬고 싶소."

후원 별당에 세자빈이 유폐되어 있을 때에는 그쪽으로 고개도 돌리지 않던 소용 조씨다. 헌데, 이제는 그곳에서 불어오는 내음을 맡고 싶단다. 행동대장으로 열심히 일했던 김자점과 그 기쁨을 공유하고 싶다는 것이다.

소용 조씨가 자리에서 일어났다. 김자점도 뒤따라 일어났다. 조씨가 통명전 밖으로 나왔다. 하늘에는 휘영청 둥근달이 걸려 있다. 연못에 놓인 석교를 건너던 소용 조씨가 걸음을 멈추었다. 초롱불을 밝히고 앞장섰던 나인은 다리를 건너갔고 다리 위에는 소용 조씨와 김자

김자점과 소용 조씨가 동전점을 쳤던 통명전 옆 돌다리.

점 단 둘이 서 있다.

"대감! 궁녀들이 이곳에서 동전 점을 치는 것을 보았소."

"그러셨습니까?"

"연못에 동전을 던져 앞면이 나오면 행운이 따르고 뒷면이 나오면 그렇지 않다나 뭐라나. 호호호."

"재미있겠군요."

"대감도 한 번 해보시겠습니까?"

"동전을 준비한 것이 없어서…."

김자점이 말끝을 흐렸다. 글씨가 새겨진 앞면이 나온다면 본전이고 글씨가 없는 뒷면이 나온다면 공연히 구설수에 오를까봐 꽁무니를 뺀 것이다.

"그러실까봐 동전을 준비해왔습니다."

소용 조씨가 동전을 내밀었다. 기라면 기어야 하는 갑과 을 사이다. 던지라면 아니 던질 수가 없다. 조씨로부터 동전을 받아든 김자점이 연못을 향해 동전을 던졌다.

"축하합니다."

"망극하옵니다."

김자점이 던진 동전에 상평통보라는 글자가 선명했다. 행운이 온다는 뜻이다. 소용 조씨가 호들갑스럽게 축하했으나 김자점은 민망했다.

인조 11년 상평청을 설치하고 주조한 상평통보는 유통에 실패하여 구리와 주석을 중국에서 들여온 조정에 재정적인 부담을 안겨 주었다. 유통 그 자체가 중단되어 화폐로서의 가치를 상실한 상평통보는 아이들이 제기를 만들어 차는가 하면 동전치기 놀이를 하는 용도로 전락했다.

"김 대감 손자가 준수하다 들었소."

"황공하옵니다."

뜻밖의 질문에 김자점이 당황했다.

"올해 몇이오?"

"열 살이옵니다."

"그래요? 이제 장가를 들여야겠군요?"

"아직 철부지이옵니다."

"호호호."

소용 조씨의 웃음소리가 구중궁궐 깊은 곳에 길게 여울져 갔다. 융숭한 대접을 받고 후궁전을 나선 김자점은 하늘을 나는 기분이었다.

'이제 영상 자리는 따 놓은 당상이다. 내가 더 바랄 게 뭐가 있겠는가? 있다면 왕실과의 혼인인데, 임금의 딸을 손자 며느리로 맞아들인다면 가문의 영광이다. 지금 죽어 저승에서 조상을 뵈어도 여한이 없다.'

김자점에게는 김식이라는 아들이 있다. 그의 아들이 김세룡이다. 그러니까 김자점의 손자다. 그 손자에게 소용 조씨가 관심을 보이고 있다. 그녀에게는 효명옹주가 있다. 임금의 고명딸, 삼전도에서 청나라 황제에게 항복하고 궁궐로 돌아온 인조의 시름을 풀어주던 외동딸이다. 임금의 서녀이긴 하지만 실세의 맏딸이다. 어떻게 표정 관리를 해야 할지 난감했다.

아들을 죽인 임금, 아들을 따라 가다

조선 27대 임금 중 형제를 죽인 왕은 있어도 아들을 죽인 왕은 인조와 영조밖에 없다. 조선 518년 역사상 가장 용렬한 왕 인조가 죽었다. 뒤를 이어 봉림대군이 즉위했으니 효종이다. 청나라에 인질로 끌려가 고초를 겪어서일까? 그는 즉위와 함께 북벌의 칼을 갈았다. 진정 힘이 있어서 북벌을 계획했는지 추종세력을 결집하기 위한 내부용이었는지는 지금까지도 설說이 분분하지만 송시열, 김집, 송준길, 권시, 김상헌, 이유태 등이 똘똘 뭉쳤다.

권력의 정점에 선 김자점의 최후는 비참했다. 인조가 죽은 지 6일 만에 대간들에 의해 탄핵당하고, 효종은 "김자점은 인조께서 승하하실 때 눈물을 흘리지 않았다. 충성심이 부족할 따름이다."는 이유를 대며 그를 광양으로 귀양 보냈다. 그러자 김자점은 청나라의 힘을 이용해 효종을 몰아낼 계획을 세웠다. 강원도 홍천에 유배되어 있던 김자점이 역관 이홍장을 매수해 인조의 능지에 청나라의 연호가 아닌 명나라의 연호를 사용했다는 것, 효종이 북벌을 계획하고 있다는 것 등을 몰래 청나라에 알린 것이다.

발끈한 청나라는 압록강에 군대를 배치하고 조선을 겁박했다. 조선은 청나라와 좋은 관계를 유지하고 있는 이경석을 내세워 무마하느라 진땀을 흘렸다. 사신과 조사관에게 바리바리 뇌물을 싸주는 건 덤이었다.

1651년(효종 2) 김자점의 아들 김익이 수어청 군사를 동원하여 반란을 획책했다는 역모사건이 터졌다. 효종과 송시열을 제거하고 숭선군을 추대하려 했다는 것이다. 의금부에 압송된 김자점은 형신 끝에 자복했다. 그는 아들과 함께 사지가 잘리고 목이 잘리는 능지처참에 처해졌다. 그의 바람막이 귀인 조씨도 사약을 받았고 손자 김세룡도 처형되었다. 효명옹주는 섬으로 유배되었다. 그의 어머니와 처, 첩 등은 모두 노비가 되었다.

왕실은 달콤한 유혹이다. 왕실의 인척은 기울어진 마당에서 먼저 출발할 수 있다. 신분 상승의 지름길이다. 임금은 가도 족族은 남는다. 질긴 끈이다. 그 끈을 연緣 삼아 세세년년 부귀영화를 누릴 수 있다. 이것이 마약이다. 마약은 중독성이 강하다. 허나, 끊기가 어렵다. 민무질, 민무구 형제, 심온, 한명회, 홍승주, 윤원형, 김자점이 말해 주고 있다. 역사의 교훈이다.

여담으로 김자점의 후손 중 하나가 바로 백범 김구라는 사실이다. 조상은 나라를 도탄에 빠뜨렸건만 그 후손은 나라를 찾기 위해 풍찬노숙을 마다하지 않았으니 이또한 역사의 아이러니가 아닐 수 없다.

홍국영

불꽃을 향해
뛰어드는
부나방처럼

홍국영洪國榮 (1748~1781)

영조 24년에 태어나 정조 5년,
짧고 굵게 살다 33살 나이로 강릉에서 죽었다.
풍산豊山 홍씨. 아버지 홍낙춘과 어머니 우봉牛峰 이씨 사이에
도성 밖 서강에서 태어났다.
풍산 홍씨 한양 세거족의 비조격인 홍이상이 8대조,
선조의 부마 영안위 홍주원이 6대조이며 혜경궁 홍씨와는 11촌이다.
그의 고조 홍중해는 인현왕후의 고종사촌, 조부 홍창한은
전라도 관찰사를 지냈다.
아버지 홍낙춘은 홍국영의 여동생 원빈이 정조의 후궁이 되어
입궁하기 전까지는 별다른 관직이 없었다.

홍국영은 왕실을 병풍 삼은 경화사족^{京華士族}임에는 틀림없으나 권문세가^{權門勢家}는 아니었다. 막강 실세 영조의 계비 정순왕후 김씨와 8촌 관계인 김면주의 어머니가 그의 당고모다. 이런 인연으로 성저십리^{城底十里} 서강에 살던 홍국영이 김면주의 집에 기거하며 과거 공부를 했다.

그렇다고 글공부만 하는 범생이는 아니었다. 풍산 홍씨 남아^{南兒}의 DNA가 그러하듯 준수한 용모가 오늘날 아이돌 못지 않았다. 살구꽃 만개한 필운대와 송석원에라도 나가면 두주불사^{斗酒不辭}. 친구들이 "먹고 갈래? 지고 갈래?"라고 놀리면 먹고 가는 걸 택했으며 시조와 창에도 능했다. 또한, 장기에서는 장안에 적수가 없었다. 한마디로 금수저 '급'은 아니더라도 은수저 정도는 물고나온 한량이었다.

홍국영은 1772년, 24세에 정시 문과에 급제하였으나 6개월간 직책을 받지 못하다가 이듬해 2월 가주서^{假注書}로 출사했다. 이에 만족하지 않은 그는 한림소시에 합격하여 사관^{史官}이 됐다. 이때 잘생긴 용모와 번득이는 순발력으로 영조의 총애를 받았으며, 이듬해 1774년 시강원 설서^{說書}가 되면서 정조와 운명적으로 만나게 된다. 정조가 그의 저서 〈현각법어^{賢閣法語}〉에서 극찬한 대로 홍국영은 이때부터 세손의 오른쪽 날개^(右翼)가 되었던 것이다.

죄인의 아들,
왕이 되다

"나는 사도세자의 아들이다."

등극 일성을 터뜨린 정조가 즉위했다. 정조의 생물학적인 아버지는 분명 사도세자다. 하지만 사도세자는 부왕에게 죄를 받아 죽임을 당한 죄인이다. 죄인의 아들을 왕의 자리에 앉힐 수 없었기에 영조의 맏아들 효장세자의 양자가 되는 형식을 취해 종통을 이어받았다. 헌데, 그 임금이 사도세자의 아들임을 천명한 것이다. 집권당 노론은 긴장했고 사도세자의 죽음에 깊숙이 개입한 정조의 외할아버지 홍봉한은 시골로 자취를 감추었다.

1762년 윤 5월. 젊은 왕비의 풋풋함에 빠져 노론의 참소를 헤아리지 못한 영조가 '나경언의 상변'을 사실로 받아들여 진노했다. 이에 사도세자가 시민당 월대에 무릎 꿇고 용서를 빌었으나 영조의 노여움은 풀리지 않았다. 이 무렵 영조는 65살 늙은 나이에 15세 처녀에게 장가 들어 서궐西闕에 신방을 차리고 3년차를 보내고 있었다.

초하루부터 시작된 사도세자의 대명待命에 아무런 반응을 보이지 않던 영조가 열사흘 날 동궐에 거동했다. 동궐은 오늘날의 창덕궁과 창경궁을 아우르는 명칭이다.

"세자는 선원전에 전배하고 휘령전에 예를 행하라."

아들에게 조상들께 작별을 고하라는 명령이다. 예를 마친 세자가 다시 시민당 월대 앞에 무릎을 꿇었다.

"관冠을 벗고 머리를 땅에 찧어라."

이마에 피를 흘리며 고두叩頭를 행하던 사도세자가 휘청거렸다. 무

사도세자가 뒤주에 갇혀 죽었던 문정전

더운 여름, 기나긴 날을 주야장창 석고대죄하고 있었으니 탈진 상태
였다.

열 살 배기 세손(정조)이 관冠과 포袍를 벗고 아버지 뒤에 무릎을 꿇
었다. 대노한 할아버지는 무서워 감히 쳐다보지 못했지만 좌의정 신
분으로 입시한 외할아버지를 바라보며 나서주기를 바랐다. 하지만 홍
봉한은 머리를 조아린 채 아무 말이 없다.

"자결하라."

영조가 사도세자에게 칼을 건넸다. 한 면에는 북두칠성과 별자리

가 그려져 있고 다른 면에는 칠성문이 상감기법으로 새겨진 사인검四
寅劍이다.

"아니 되옵니다."

사도세자가 칼을 받아 결행하려는 순간, 시강원 신하들이 달려들
어 만류했다.

"뭣들 하는 게냐? 저자들을 당장 쫓아내라."

화가 머리끝까지 치민 영조가 군졸을 시켜 춘방春榜의 신하들을 쫓
아냈다.

"뒤주에 집어넣어라."

돌이킬 수 없는 명령이 떨어졌다. 문정전 남쪽 뜰에 마련된 뒤주에
끌려 들어가며 사도세자가 울부짖었다.

"아바마마! 소자가 잘못했습니다. 용서해 주십시오."

세자가 애원했으나 영조는 외면했다. 결국 사도세자는 오뉴월 뙤
약볕 아래 물 한 모금 마시지 못하고 8일만에 숨을 거두었다.

임금이나 왕비가 승하하면 5개월 국상을 치른다. 세자는 3개월이
통례다. 이것이 조선의 국법이다. 헌데, 사도세자는 뒤주에 갇혀 죽은
지 3일만에 궁녀나 궁노비가 죽으면 나가는 창경궁의 사잇문인 선인
문을 나와 노제도 없이 청량리 밖 이름 없는 산에 묻혔다.

그 후, 지나는 백성들이 절을 올리고 지나갔다고 하여 그 산을 배
봉산拜峯山이라 불렀다. 오늘날의 휘경동 위생병원 자리다. 사가에서도
사대부 집에서는 7일장이었는데, 쓰레기 버리듯 내다버린 것이다. 또
한 세자가 묻힌 곳을 원園이라 칭해야 옳지만 영조는 수은묘라 부르라
명했다. 그러고도 생각할 사思 슬퍼할 도悼라는 시호를 내린 영조, 이
건 무슨 황당 시츄에이션인가.

노론당에 밀려
아들을 죽인 임금

1762년 5월, 역사가 연출한 막장드라마에서 영조는 악역을 연기한 배우다. 무수리의 아들로 태어난 영조는 출생 신분에 대한 콤플렉스를 가지고 있었다. 이복형 경종 독살로 노론당에 코가 꿰인 영조는 연산이나 광해처럼 축출 위협과 암살 악몽에 시달렸다.

노이로제 상태에 빠져 있던 영조에게 51세 연하인 15살 신부는 피안彼岸의 도피처였다. 젊은 몸을 통하여 육체적인 회춘과 정신적인 안정을 찾으려는 두 마리 토끼 사냥 전략은 오히려 그의 정신을 피폐하게 만들었다. 그리고 결국 아들을 죽이고 말았다.

역사는 승자의 기록이다. 살아 있는 권력에 희생된 사도세자는 나쁜 사람으로 기록된 역사적 사료가 많다. 심지어 그의 부인 혜경궁 홍씨마저 〈한중록〉에서 그를 부정적으로 묘사하고 있다. 하지만 혜경궁 홍씨가 저술한 것으로 알려진 한중록은 첫 권만 혜경궁 홍씨가 저술한 진솔한 참회록이고, 나머지는 아버지 홍봉한이 찬술하고 다른 사람들이 엮은 혜경궁 홍씨의 '변명록'이라는 것이 많은 연구자들에 의해 밝혀지고 있다.

혜경궁 홍씨와 사도세자의 결혼은 정략결혼이었다. 노론당의 지지를 필요로 했던 영조는 노론의 중심 세력 홍씨 집안에 아들을 줄 수밖에 없었고, 과거에 낙방하고 음보로 말단 관직 세마洗馬에 있었던 홍봉한은 왕실과 혼인이 절실하게 필요했다.

정략결혼의 과실은 달콤했다, 영조는 집권여당 노론의 지지를 받을 수 있었고 혜경궁 홍씨의 친정아버지 홍봉한은 승승장구 영의정 지위에 올랐다. 허나, 애정 없는 부부는 금슬에 문제가 생길 수밖에 없다.

세자는 공식적으로 후궁을 들일 권한을 가지고 있다. 이름 없는 궁녀로 들어가 세자의 여자가 되어 은언군과 은신군을 낳고 숙빈이라는 작호를 받은 임씨가 이에 해당한다. 그리고 여기에서 태어난 후손이 적통의 씨가 말라버린 조선 말기의 왕통을 이어갔으니 역설의 변주곡이라고 해야 할까?

아버지에 대한 강박관념에 시달리던 사도세자는 세자빈과 숙빈 이외의 여자를 불러들이곤 했다. 실 예로 사도는 안암골 여승 '가선'을 궁으로 불러들여 난삽한 행동을 했다고 기록은 전한다.

남자는 마초성이 내재되어 있다. 그것이 평소에는 발현되지 않을 뿐이다. 세자도 남자다. 남자들이란 스트레스가 쌓이면 난폭한 섹스로 풀려는 경향이 있다. 남성호르몬의 공격성이다. 책임져야 할 대상이 아니면 더더욱 광포해진다. 일회용이라는 면피성이다. 거기엔 엽기성과 폭력성이 가미된다. 세자 사후, 세자 방을 치울 때 성희性戱 기구를 발견했다는 기록이 이를 방증한다.

사대부 가에서 요조숙녀로 자란 혜경궁 홍씨에게 특이한 체위를 요구하거나 변태적인 방법을 들이대면 기겁했을 것이다. 천박하다고 생각하는 궁녀를 불러들이는 사도를 혜경궁 홍씨는 경멸했다.

사도세자는 아버지에게 미움받고 부인에게 버림받은 외톨이가 되었다. 그럴수록 궁녀나 궁 밖 여자를 불러들여 과격한 성생활을 했다. 악순환의 연속, 현대의학에서는 성도착증이라 부른다. 이러한 단어가 없던 그 시절에는 사도세자를 정신병자라 불렀다.

아들이
아버지를 죽게 만든 역설

사실 사도세자를 죽인 사람은 그의 아들 정조라고 할 수 있다. 아들이 아버지를 죽였다고? 흥분하는 대신 역사 속으로 들어가 보자. 경종 독살에 깊숙이 개입한 영조는 자신의 핏줄이 대를 이어 등극하지 못하면 노론당으로부터 '왕위가 탐이 나서 형을 죽인 대역죄인'으로 팽烹 당할 것을 두려워하고 있었다.

아버지 숙종 시대, 붕당정치의 폐해를 잘 알고 있던 영조는 탕평책을 썼다. 국가 백년대계를 위해서는 올바른 정책이었다. 허나, 기득권을 쥐고 있던 노론당은 가지고 있는 것을 빼앗기는 것으로 받아들였다. 빼앗긴다는 것은 나눈다는 것과 다르다. 상실이다. 상실은 곧 죽음의 초대장이 될 수 있다. 숙종 시대 무수히 보았던 일이다. 기득권은 결코 놓고 싶지 않은 미래의 담보다.

세자의 시강원 시절. 소론 계열 스승들로부터 진보적인 공부를 한 사도세자가 등극하면 노론은 몰락한다고 생각한 집권여당은 영조에게 세자를 내치라고 줄기차게 요구했다. 노론당으로부터 아들을 죽이라는 압박을 받고 있던 영조는 노론의 요구를 거절하면 자신이 죽는다는 것을 잘 알고 있었다.

절박한 위기에 처해 있던 영조일지라도 세손 정조가 없었다면 하나밖에 없는 아들 사도세자를 죽이지 않았을 것이다. 역사적인 사실은 정조가 있었기 때문에 사도세자가 죽은 것이다.

파격의 연속 홍국영,
정점에 서다

정조는 즉위 3일만에 전격적으로 홍국영을 승정원 동부승지에 임명했다. 그리고 4개월 후에는 승정원 최고위직인 도승지로 승진시켰다. 오늘날의 대통령 비서실장이다. 홍국영의 나이 28세였다. 파격이다.

정조의 파격은 여기에서 그치지 않았다. 자신의 목숨을 노리는 세력으로부터 국체를 보위한다는 명분 아래 궁궐에 숙위소를 설치하고 홍국영을 금위대장에 임명했다. 그 뿐 아니다. 훈련대장도 맡겼다. 비서실장과 경호실장을 겸하게 된 것이다. 이로부터 좌청룡 홍국영 우백호 홍국영이라는 말이 인구人口에 회자膾炙되었다.

홍국영은 정조의 기대에 부응했다. 홍인한, 정후겸, 윤양후, 홍계능을 정조의 왕통 승계를 방해했다는 혐의로 제거하고 정조의 외갓집 홍봉한 집안도 재기불능 상태로 만들어 버렸다. 뿐만 아니라 안동 김씨 정권의 지존인 대왕대비의 친동생 김귀주도 유배시켰다. 한마디로 왕심王心을 읽고 돌쇠처럼 실천하는 행동대장이었다.

여기까지는 주군을 향한 충성이라고 말할 수 있다. 과유불급過猶不及이라고 했던가?

젊은 나이에 너무나 큰 권력을 잡게 되자 홍국영은 더 큰 것을 바라게 된다. 왕실王室. 왕실과 연을 맺으면 세세년년 부귀영화를 누릴 수 있다는 환상에 빠진 것이다.

불빛을 쫓아
뛰어드는 부나방처럼

홍국영은 옛 선인들이 가까이 하기엔 너무나 두려운 신기루에 다가갔다가 부나비처럼 목숨을 잃은 사실을 알면서도 '나만은 아니야'라는 착각에 사로잡히게 된 것이다. 욕망을 제어하지 못한 홍국영은 열세 살 먹은 여동생을 후궁으로 들여보냈다. 원빈元嬪 홍씨다.

여기에서 홍국영의 과유불급이 작동하고 개혁군주 정조의 실수가 동작한다. 정조가 진정 젊은 신하 홍국영을 아꼈다면 원빈을 받지 않았어야 했다. 자신도 모르는 의식 속에 롤리타 콤플렉스가 내재되어 소녀가 그리웠다면 다른 경로를 통해서 들일 수 있었다. 그런데 왜 하필이면 홍국영의 동생이어야 했냐 그 말이다. 정조가 냉정한 이성을 찾았다면 충직한 신하 홍국영도 잃지 않고 소녀도 죽지 않았을 것이다.

열세 살 어린나이에 후궁으로 입궁한 원빈은 시름시름 앓다가 1년 만에 죽었다. 낯선 환경에 따른 스트레스와 생물학적으로 미쳐 다 자라지 못한 몸이 성생활을 이겨내지 못했으리라. 이때 정조 나이 26세, 밤을 새워도 모자랄 나이다.

홍국영은 동생이 죽자 그 원인을 왕비 효의왕후의 시기심에서 찾고자 혈안이 되었다. 문제는 독살의 심증은 있으나 물증이 없어 실체를 밝힐 수 없다는 것이다. 홍국영은 궁중 나인과 노복들을 무자비하게 문초했다. 하지만 증거는 찾지 못하고 궁인들만 죽어나갔다.

홍국영은 정조로 하여금 새로운 여자를 맞아들이지 못하도록 견제하는 한편 정조의 이복동생 은언군의 아들 담湛을 죽은 원빈의 양자로 입적하여 완풍군이라 하고 그를 세자로 책봉하려는 계획을 세웠다. 그러는 와중에도 그의 관직은 사헌부 대사헌, 홍문관 대제학 등 하늘 높은 줄 모르고 뛰어 올랐다.

권불 3년,
동해에서 진 짧고 굵은 인생

권불십년이 아니라 권불 3년. 홍국영에게 위기가 닥쳐왔다. 왕비 김씨의 수라에 독약을 탄 사건이 발각된 것이다. 참인지 조작인지 아직까지 밝혀진 바는 없다. 하지만 이 사건으로 그는 궁지에 몰렸다. 먼저 이조판서 김종수가 포문을 열었다.

"홍국영은 사나운 성질에 교활함까지 가졌습니다. 하늘의 공을 자기 힘으로 된 것으로 알고 경거망동하기가 그지없고 방자하기 이를 데 없었습니다. 그의 안중에 임금은 없고 불측한 계략만 있었습니다. 그는 위세를 부려 조정을 장악하고 대각의 언론과 군문의 병무를 손아귀에 넣어 뇌물이 산을 이루었습니다.

홍국영을 죄 주는 것은 의리를 밝히는 것입니다. 공로가 있다고 죄 주지 않는다면 김자점과 심기원처럼 역란을 일으킨 자라도 공로가 있다 하여 죄 주지 않는 것과 무엇이 다르겠습니까? 바라건대 성상께서는 망설이지 말고 강단을 내려 그를 귀양 보내소서."

"내가 이런 말을 듣게 되고 경이 이런 말을 하게 되었으니 나는 말이 없고자 한다."

드라마 이산의 한 장면

정조의 유구무언에 예조판서 김익이 상차했다.

"권력을 손에 쥔 간신이 옛부터 수없이 많았습니다만 홍국영처럼 나라의 명운을 한손에 틀어쥐고 권세가 임금을 넘어설 정도에 이른 자는 그 유례가 없었습니다. 또한, 전하처럼 홍국영의 작위를 높여 주고 곁에 두며 총애하여 주신 것은 전례가 없는 일이옵니다. 병권이 그의 손에 옮겨갔을 때 국체가 위태로운 지경에 빠졌다는 것은 전하만 모를 뿐 모든 신하가 다 아는 공개된 비밀이었습니다. 지금 생각해도 가슴이 철렁합니다. 이는 실로 전하의 과실입니다."

직구도 이런 돌 직구가 없다. 완전 직격탄이다.

"예판의 말이 옳다. 한마디로 말한다면 이는 곧 나의 과실이다."

정조는 실수를 인정하면서도 후속 조치를 취하지 않았다. 옥당玉堂과 삼사三司가 들고 일어났고 영의정 김상철마저 가세했다.

결국 정조는 홍국영을 강원도 횡성에 부처하라 명했다. 강릉에 이
배된 홍국영은 서쪽 하늘을 바라보며 화병으로 죽었다. 이 때 그의 나
이 33세였다. '절대 권력은 절대 부패한다.'는 명제를 몸소 실천한 짧
고 굵은 일생이었다.

안동 김씨

왕으로
모신
강화도 농사꾼

안동 김씨는 조선 말 순조 · 헌종 · 철종 3대 60년에 걸쳐
왕의 외척으로서 조정의 요직을 독점하고 세도정치를 행한다.
순조가 11살로 즉위하자
정순왕후가 수렴청정하고 김조순이 이를 보좌하면서 정권을 장악,
김달순 · 김명순 등 안동 김씨 일파가 요직을 차지했다.
그 후 철종이 즉위하자 순원왕후가 다시 정치를 좌지우지하면서
김씨 세력은 절정에 달해 왕족을 능가할 정도였다.
고종이 즉위하고
흥선대원군이 권력을 잡으면서 몰락했다.

1850년 6월 5일. 영의정 정원용이 이끄는 제왕 봉영단이 갑곶나루를 건너 강화도에 도착했다. 깃발을 앞세우고 강화성의 동문 진해루를 통과하여 위풍당당하게 들어오는 일행을 발견한 원범은 자기를 잡으러온 것으로 알고 산으로 숨어버렸다. 난감해진 것은 한양에서 강화까지 온 봉영단이다. 하룻밤을 묵은 일행은 대책 마련에 부심했다.

더욱 난처해진 것은 강화유수 정기세였다. 한양에서 봉영단을 이끌고 강화까지 행차한 정원용은 공적으로는 하늘같은 영의정이었고 사적으로는 아버지다. 한양에서 내려온 일행이 불편하지 않게 보살피고 임금을 모셔가는 일이 매끄럽게 진행되어야 출세길도 열릴 텐데 원범이 산속으로 들어가 나오지 않으니 답답한 노릇이었다. 마지막 수단으로 복녀에게 매달릴 수밖에 없었다.

원범의 아버지는 글을 깨우치는 것은 곧 죽음으로 가는 지름길이라고 말했다. 글을 배우겠다는 생각은 언감생심, 아예 잊어버리고 철저하게 농사꾼이 되라고 가르쳤다. 이런 아버지와 어머니마저 천주교 신자라는 이유로 잃고 작은 형마저 죽자 원범은 천애고아가 되었다.

외톨이가 된 원범에게 따뜻한 마음을 전해주는 여자가 있었다. 순박한 시골처녀 복녀였다. 원범이를 모셔갈 봉영단이 강화도에 당도했을 때, 복녀 역시 원범을 잡아갈 무리라 생각했다.

"내가 나오라고 할 때까지 꼼짝 말고 있어."

원범을 동굴에 밀어 넣은 복녀가 삼베 보자기에 싼 밥덩이를 손에 쥐어주었다. 산을 내려오던 복녀는 마을을 내려다보았다. 관아에서 갑곶나루까지 줄지어 서있는 일행이 예사 사람들은 아닌 것 같았다.

300여 명이 넘는 인원과 기품 있는 가마가 준비된 것으로 보아 강화 유수가 말했던 것처럼 원범을 잡으러 온 사람들은 아닌 것 같았다.

"유수의 말처럼 원범이가 왕 노릇 하러 한양으로 가면 나는?"

가진 것은 없었지만 마음씨 착한 원범의 각시가 되어 아들 딸 낳고 알콩달콩 살겠다는 순진한 섬처녀의 꿈은 유효한 것일까? 물거품이 되는 것일까? 아무리 생각해봐도 신통한 답이 없었다.

"원범아, 널 잡으러 온 게 아니고 모시러 왔대."

강화유수부에 내려가 정탐하고 온 복녀가 원범이의 두 손을 잡았다.

"무에 할일이 없어 한양에서 예까지 농사꾼을 데리러 오냐? 날 죽이려고 잡으러 온게지…."

"아냐, 유수가 그러는데 널 왕으로 모시려고 저렇게 많은 사람들이 와서 널 기다리고 있대."

"왕은 무신 얼어 죽을 왕? 감언이설로 꼬여서 배에 태우면 통진에 닿기도 전에 바다에 쳐넣어 나를 죽일 텐데."

"아니래두, 며칠 전에 하얀 기러기가 날아가는 것을 보았는데 좋은 징조야, 느낌이 좋으니까 날 믿어봐."

푸른 창공을 훨훨 날아가는 하얀 기러기를 원범이도 보았다. 그것을 복녀도 보았다니 조금은 위안이 되었다. 더더구나 복녀가 좋은 징조라고 믿어달라는 데 믿음이 갔다.

"내가 한양으로 간다면 너는 어떻게 하냐?"

"뒤따라 갈 수 있으면 같이 가고, 따라오지 못하게 하면 니가 한양 가서 가마를 보내면 되잖아. 왕은 사람도 죽이고 살린다는데, 니가 왕이 되면 가마 하나 못 보내려구."

"그래, 한양 가면 가마를 보내 널 데려갈게."

복녀 손에 이끌려 산에서 내려온 원범이 유수부에 도착했다. 자신

철종 봉영도

을 잡아다 죽일 무리라는 의심을 떨쳐버리지 못한 원범은 기다리고 있는 영의정 앞에 넙죽 절하며 머리를 조아렸다.

"사또님 살려주세요. 저는 아무 죄도 없습니다. 제발 살려주세요."

만인지상일인지하라는 영의정을 본 일이 없는 원범은 고을 사또가 제일 높은 사람으로 알 수밖에 없었다.

"이러시면 아니 되옵니다. 덕완군 나으리."

당황한 영의정이 예를 갖추며 머리를 조아렸다. 아직 즉위식을 거행하지 않았으니까 나으리다. 그리고 덕완군은 갑자기 붙여준 군호다. 언제부터 덕완군이었던가? 원범은 원범이고 농사꾼은 농사꾼이었는데, 권력의 필요에 의해서 덕완군이라는 군호君號가 대왕대비의 명에 의해 내려졌던 것이다.

이때부터 시위하는 군사들에 의해 복녀는 원범과 가깝게 다가갈 수 없었다. 유수부에서 부랴부랴 봉영의식이 거행되었다. 간소하게 치러진 의식을 끝낸 원범은 꽃가마보다 더 지체 높은 가마를 타고 한양으로 떠났다. 옷고름 입에 물고 원범이 떠나는 모습을 먼발치에서 바라보던 복녀의 뺨으로 뜨거운 눈물이 하염없이 흘러내렸다.

강화도령과
복녀의 사랑

가마 행렬이 갑곶나루에 도착했다. 강화 고을 대장이라는 사또도 감히 타보지 못할 호사스러운 배에 탄 원범은 아무리 군중을 헤집고 찾아봐도 복녀를 찾을 수가 없었다. 그러나 복녀는 원범을 보았다. 이것이 복녀가 원범을 마지막 본 모습이다. 복녀는 가마에 실려 한양으로 떠나는 원범을 바라보면서 하염없이 흐르는 눈물을 옷고름으로 닦았다.

통진에 도착한 봉영단은 걸음을 재촉했다. 용상 자리는 하루라도 비워둘 수 없다. 임금 없는 나라는 주인 없는 나라와 같다. 원범이 산속으로 숨어버려 하루를 허비한 영의정 일행은 대왕대비로부터 재촉을 받고 있었다. 촌각을 다투는 새임금 모셔오는 일이 지체되고 있으니 채근하는 파발마가 매일같이 들이닥쳤던 것이다.

문수산 자락에 야트막한 고개가 하나 있다. 이 고개를 넘으면 강화도가 보이지 않는다. 어가에 앉아 바다 건너 강화도를 바라보던 원범은 생각했다.

"내가 살아서 강화도를 다시 볼 수 있을까?"

팔자에 없는 가마를 타고 호사스럽게 가는 길이 아무래도 죽으러 가는 길만 같았다. 고갯마루에 가마를 멈추게 한 원범은 가마에서 내려 강화도를 보며 소리쳤다.

"강화야 잘 있어, 다시 올게."

강화라기보다도 복녀에게 하는 말. 바다 건너 강화도를 바라보며 목울대에 핏줄이 튀어나오도록 울리는 목소리가 천둥이 치는 듯했다. 어찌나 목소리가 컸던지 가마꾼들이 기절할 지경이었다. 이때부터 강화도와 통진 사람들은 이 고개를 천둥고개라 불렀다.

1849년 6월 9일, 창덕궁 인정전에서 즉위식이 거행되었다. 조선 제25대 국왕이 탄생하는 순간이다. 어제 강화에서 도착한 즉시 창덕궁 희정당에서 거행된 덕완군 봉영식 후 거행되는 공식 행사였다. 이로서 비어 있던 용상 자리가 채워졌고 조선 25대 국왕이 탄생한 것이다. 철종이 말해 주듯 왕은 태어날 수도 있고 만들어질 수도 있다.

말 잘듣는 자를
임금으로

3일 전인 6월 6일, 조선 24대 임금인 헌종이 숨을 거두었다. 후사 없이 승하하자 왕실과 조정이 발칵 뒤집혔다. 왕위를 계승할 적자嫡子가 없었기 때문이다. 이런 때 왕실의 어른 대왕대비가 끈을 놓을 리 없었다. 대왕대비 순원왕후 김씨는 김조순의 딸로서 '안동 김씨'였다.

순조의 비 순원왕후를 축으로 하는 '안동 김씨'와 순조의 장남 효명세자 비 신정왕후를 축으로 하는 풍양 조씨는 어느 쪽에서 먼저 왕을 내느냐 하는 문제로 신경을 곤두세우고 있었다. 이는 어느 한 개인의 문제가 아니라 가문의 영광과 몰락이 걸려 있는 중대한 문제였다.

왕실 족보를 꺼내놓고 살펴보니 서열상으로 덕흥대원군의 종손 이하전이 가장 유력한 후보자였으나 다루기가 마땅치 않은 인물이었다. 먹물이 많이 들어가 있으면 주관이 너무 강하다. 강하면 부리기 쉽지 않다. '안동 김씨'의 좌장격인 김문근과 대왕대비는 지체 없이 원범을 찍었다.

직계 혈통에 마땅한 사람도 없었지만 정치적인 배경이 있거나 성군이 될 여지가 있는 똑똑한 사람보다는 강화도에서 농사를 짓고 있는 원범이 더할 나위 없이 좋은 적임자였던 것이다.

대왕대비의 명이 떨어졌다. 종묘사직을 이어갈 왕으로 원범을 택한다는 교지였다. '안동 김씨'에 의해 간택된 원범은 사도세자의 서자인 은언군의 손자다. 할아버지 은언군은 천주교 신자라는 이유로 사형을 당했고, 아버지 전계군은 원경, 경응, 원범 세 아들을 두었다. 전계군은 큰아들 이원경이 민진용의 모반 사건에 연루되어 사형을 당하자 두 아들을 데리고 강화도로 숨어들었던 것이다.

떠꺼머리 농사꾼을 왕으로 밀어올린 '안동 김씨'는 김문근의 딸을 왕비로 간택해 국혼을 치름으로써 김문근은 국구國舅가 되었다. 천하는 '안동 김씨' 세상이 되었다. 철종으로 등극한 원범은 자신을 왕으로 점지한 순원왕후가 사망한 것을 기회로 친히 정사를 챙기려 했지만 '안동 김씨'의 견제로 왕권을 행사하지 못하고 주저앉고 말았다.

정조가 뿌린 씨앗,
안동 김씨 세도정치

노론의 질시 속에 등극한 정조는 탕평정책을 펼쳤으나 붕당정치의 폐해를 절감할 수밖에 없었다. 그 벽을 허물기 위한 지렛대로 선택한 것이 김조순이다. 그의 딸을 세자빈으로 선택한 정조는 정국 안정을 꾀했으나 정순왕후가 주축이 된 노론 벽파에 부딪혀 표류했다.

국구가 된 김조순은 벽파와의 권력 투쟁에서 승리해 '안동 김씨'

김조순

세도정치 시대를 열었다. 그가 죽은 뒤에도 아들 김유근이 권력을 계승해 1834년에 순조가 사망할 때까지 조선은 '안동 김씨' 세상이었다. 쥐를 잡겠다고 고양이를 들인다는 게 늑대를 들인 꼴이 된 것이다. 정조의 패착이었다.

왕권은 퇴색하고 신권이 군림하자 의정부와 6조는 유명무실해졌고 비변사가 득세했다. 국가의 보고서는 '안동 김씨' 가문에서 검토한 다음 임금에게 보고되었다. 이것도 모자라 '안동 김씨' 가문에 물어본 다음 그 입맛에 맞는 정책과 인사가 채택되었다. 요즘 최순실 국정농단의 모습과 흡사하다.

모든 관직은 '안동 김씨' 가문에서 나왔다. 뇌물은 '안동 김씨' 가문에 쌓였다. 과거시험을 준비하는 대신 '안동 김씨' 문전을 드나드는 사람들이 늘어났고 그럴수록 뇌물은 산처럼 쌓여갔다. 합격자 발표가 나기 전에 먼저 합격 통보를 받고 잔치를 벌이는 해프닝도 벌어졌다. 오죽하면 12사랑^{舍廊}이라는 말이 백성들 입에 오르내렸겠는가. 조선의 관료는 '안동 김씨' 12가문 사랑채에서 나온다는 비아냥이다.

관료 배출에 괴력(?)을 발휘한 김좌근에게 나주 출신 첩이 있었다. 얼굴은 못생겼지만 허리가 세요^{細腰}라서 김좌근이 총애하는 여자다. 음보로 출사한 김좌근은 영의정을 3번이나 역임한 관직의 마술사다. 그는 직접 뇌물을 받지 않고 첩을 내세웠다. 문제가 되었을 때 빠져나가기 위한 비상구다.

'나는 놈 위에 업혀 가는 놈이 있다.'던가. 뇌물을 바치러 온 사람이 공손하지 않으면 한 등을 깎아내렸고, 비비고 꼬며 귀여움을 떨면 한 등 올려 주었다. 엿장수가 따로 없다. 그녀가 똬리를 틀고 앉아 있는 사랑채를 찾은 사람들은 솟을대문 밖에서부터 알아서 기었다. 본 뇌물보다 별도로 더 큰 꾸러미를 챙겨주는 건 기본이었다.

"힘없는 백성들 앞에서 헛기침하며 팔자걸음 걷는 자들아! 앉아서 오줌 누는 나에게 재롱 피우고 나가는 니들이 사내냐?"

재물을 바치고 나가는 자 뒤통수를 바라보며 내뱉는 일갈이다. 그녀의 혼잣말이 담장을 넘거나 말거나 세상 사람들은 그녀를 나합羅閤이라 불렀다. 나주 출신 정승이라는 뜻이다. 합閤은 정승에게나 붙여 주는 경어다

돈을 주고 관직을 산 사람들은 관직에 있는 동안 본전을 뽑기 위해 '거두어 들이는데' 쌍심지를 켰고 백성들은 허리가 휘었다. 탐관貪官 사또는 돈을 받고 죄인을 방면해 주었고 죄 없는 사람도 돈만 주면 불러다 곤장을 쳤다. 오리汚吏 원님은 토지 분쟁이 붙으면 뇌물을 바친 사람과 짜고 토지를 빼앗아 나누어 가졌다. 향촌의 이방과 형방들은 윗전의 수법을 답습하며 제 배를 채웠다.

암행어사를 내보내면 비밀에 부쳐져야 할 파견 사실을 미리 알려 주고 돈을 챙기는 사람이 있는가 하면 어사를 매수하여 부패를 무마하는 탐관오리도 있었다. 여기에 한 술 더 떠 마패를 들이밀고 등을 치는 어사도 있었다. 털린 재물이 아까워 노비를 시켜 어사를 살해하고 재물을 재탈환하는 사건도 벌어졌다. 막장드라마가 따로 없다.

한마디로 총체적인 부정부패가 만연한 시대였다.

폭발한 민심,
팔도에 민란이 일어나다

몇 차례 과거에 낙방한 홍경래는 관직의 비밀을 알아버렸다. 기가 막혔다. 능력이 아니라 인맥과 금력이라는 데 절망했다. 금수저를 물고나오지 못한 자신이 한스러웠다. 그는 팔도를 주유하며 민심을 청취하는 한편, 동지를 모았다. 지역 차별에 불만을 가진 사람이 의외로 많다는 것에 고무되었다. 김사용, 우군칙, 김창시 등 동지를 모은 그는 '안동 김씨 타도'를 외치며 평안도에서 봉기했다. 출발은 좋았으나 관군에 패퇴한 끝에 정주성이 함락되면서 목숨을 잃었다.

'안동 김씨'의 전횡으로 국법 질서가 문란해지고 백성들의 삶이 피폐해지자 인내의 한계점에 다다른 백성들이 경상도 진주, 함경도 함흥, 전라도 전주 등지에서 대규모의 민란을 일으켰다. 또한 부활을 약속하는 그리스도 사상과 내세來世를 예견하는 미륵신앙이 백성들 깊숙이 파고들었다. 이때 나타난 것이 동학이다.

자의였을까? 타의에 의해서였을까? 국정의 중심에 있어야 할 철종은 국정의 변방을 헤매다 주색酒色에 빠져들었다. 철종은 김문근의 딸 철인왕후 외에도 7명의 후궁을 두었다. 두고 싶어서 둔 게 아니라 밀어 넣으니까 받은 것이다. 진정 철종이 보고 싶어 한 여자는 복녀였으나 '안동 김씨'는 그녀를 넣어주지 않았다. 첫사랑 복녀의 치맛자락에 철종이 빠져버릴까 염려스러워서다.

아직 젊은 나이 서른셋. 제위 14년만에 철종이 죽자 또 한번 조정이 뒤집혔다. 후사 없이 죽었기 때문이다. 한참 탄탄해지는 세도정치의 달콤함에 취해 있던 '안동 김씨'가 망연자실 넋을 놓고 있었던 반면 이번에는 풍양 조씨가 재빠르게 움직였다. 철종을 옹립하는 데 실패한 풍양 조씨는 이번에는 '안동 김씨'에게 선수를 빼앗기지 않으려고 대원군 이하응과 함께 치밀한 계획을 짜놓고 있던 터였다.

왕실의 종친으로서 '안동 김씨'의 바짓가랑이를 기어야 하는 수모를 당하며 칼을 갈고 있던 대원군 이하응의 계책에 따라 수순대로 진행하면 되는 것이었다. 조대비와 대원군의 이해관계가 맞아떨어진 것이다. '안동 김씨'에 숨 쉴 틈을 주지 않고 대왕대비의 명에 의하여 새 임금이 결정되었으니 그가 대원군의 아들 명복이며 조선 26대 국왕 고종이다.

외척 발호는 식물국가를 초래한다. 이완용은 을사늑약에 서명하고 한일병합조약을 체결함으로써 당당하게 매국노의 자리에 이름을 올렸으나 세도정치는 가랑비에 옷 젖듯 나라를 멍들게 했다. 518년 조선 왕국은 '안동 김씨'의 세도정치부터 망국의 길로 접어들었던 것이다.

외척 발호는 왕권 상실의 시대를 열었다. 국정농단은 망국의 지름길이다. 역사는 반복된다 했던가. 군주가 군주답지 못하고 백성이 백성답지 못했을 때 국정은 농단된다. 그 피해는 고스란히 백성들 몫이다.

매국노

나라를
농단했던
자들

1895년 10월 8일 5시. 아직 새벽 안개가 걷히지 않은 육조거리를 통과한 가마가 광화문에 이르렀다. 문루에서 숙위하던 호군이 화들짝 놀랐다. 평소에 보지 못하던 많은 수의 군사들이 호종하는 가마이지 않은가. 보고를 받은 수문장이 뛰어내려왔다.

"뉘신지요?"

"대원이 대감이다."

"넵."

수문장이 차렷 자세로 예를 갖췄다. 대원군이 누군가? 임금의 아버지다. 밟고 밟히는 권력쟁탈전에서 며느리에 밀려 중국 텐진으로 끌려가 4년 간의 유폐 생활을 하고 돌아왔지만 아직 살아 있는 실세다. 더욱이 청일전쟁 승리로 기세가 오른 일본의 지원을 받고 있지 않은가.

광화문을 통과한 가마가 영제교를 건너 흥례문으로 향했다. 평소엔 10여 명이 군졸이 대원군의 가마를 호위했으나 오늘은 숫자가 많았다. 고개를 갸웃거리던 수문장이 뒷모습을 바라보는 사이 가마는 시야에서 사라졌다.

경회루를 지난 가마가 삼거리에 이르렀다. 집옥재 쪽으로 방향을 튼 가마 대열에서 자연스럽게 이탈한 무리들이 건청궁 담벼락에 바짝 붙었다. 궁 안의 궁이라지만 담장은 한 길이 넘었다. 좌우를 살피던 그들은 날렵하게 궁장을 넘었다.

무리를 앞장서서 안내하는 조선인이 있었다. 조선군 훈련대 제2대 대장이었다. 당시 경복궁을 경비하는 병력으로는 조선국 궁정시위대와 훈련대가 있었다. 이들은 일본 군관에 의해 신식 군사교육을 받고 있는 부대였다.

아무런 제지를 받지 않고 왕비의 침전 건청궁에 난입한 그들은 검은 복면에 일본도日本刀를 차고 있었다. 놀란 궁녀들이 소리를 지르며 혼비백산했다. 쫓고 쫓기는 발자국 소리와 여인들의 비명소리에 궁궐은 삽시간에 아수라장이 되었다.

"왕비가 있는 곳이 어디냐?"

침입자들이 궁녀의 목에 칼을 들이댔다.

"모른다."

시퍼런 칼날이 춤을 췄다. 찢어진 저고리에 피가 배어나왔다. 드러난 젖무덤을 저고리 섶을 끌어다 가리는 궁녀들을 바라보는 눈빛이 음흉하게 이글거렸다.

"왕비가 있는 곳을 말하면 살려주겠다."

"모른다 하지 않았느냐."

죽음을 각오한 궁녀들의 목소리는 단호했다. 침입자들의 칼이 번쩍였다. 피가 튀고 궁녀들의 목이 나뒹굴었다. 살육을 마친 무뢰배들이 옥호루로 쳐들어갔다. 길을 막는 궁내부 내관들도 처참하게 학살했다.

침입자들이 걸음을 멈추었다. 건청궁에서도 가장 내밀한 곳. 그곳에는 좌우에 시녀를 거느린 여인이 앉아 있었다. 그들이 온다는 것을 예감이라도 하고 있었을까? 단정한 모습이 범접하기 어려운 기품이 풍겼다. 무뢰한들이 칼을 빼어들고 다가섰다.

"네가 민비냐?"

"무엄하구나."

"민비냐고 물었다."

"나는 이 나라의 국모다."

"무엇이라고? 네가 국모라고? 하하하, 망하는 나라의 국모라니 개가 웃겠다."

칼이 번쩍였다. 칼날이 어깨를 스쳤다. 선홍빛 핏줄기가 튀어 올랐다. 왕비는 미동도 하지 않고 그대로 앉아 있었다. 칼날이 두 세 차례 더 춤을 추었다. 왕비의 왼쪽 어깨와 등허리에서 피가 솟구쳤다. 마침내 무뢰배의 칼날이 목덜미를 향했다. 그리고 칼이 번쩍였다. 을미사변乙未事變이다.

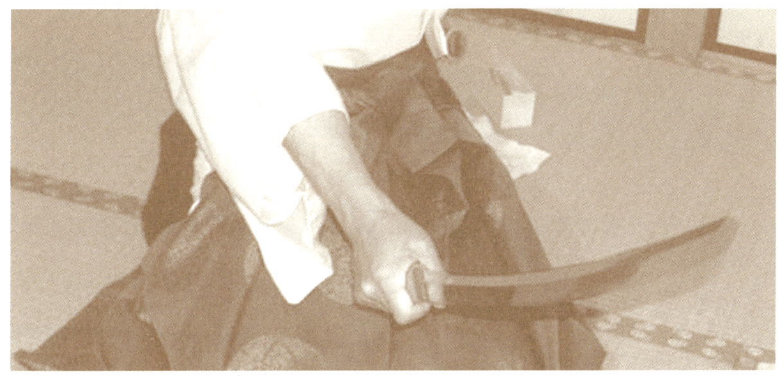

명성황후의 숨을 끊은 일본도. 후쿠오카 구시다 신사에 보관되어 있으며, 칼집에는 '늙은 여우를 단숨에 베었다'라는 글이 적혀 있다. (사진: 문화재 제자리 찾기 운동본부)

왕비의 죽음을 확인한 그들은 피가 낭자한 시신에 기름을 부었다. 그리고 불을 붙였다. 건청궁이 화염에 휩싸였다. 왕비의 처소도 타고 시신도 탔다. 왕비를 살해하고 시신마저 불태운 그들은 조선인 안내자와 함께 유유히 사라졌다.

"왕비의 죽음은 조선인들의 소행이다."

일본은 조선인 안내자 뒤에 범인을 숨겼다. 조선인이 범인이라는 것이다. 조선인은 일회용품처럼 쓰고 버리면 된다. 하지만 왕비 시해

사건의 윤곽이 드러나자 일본 공사 미우라는 사건을 왜곡하기에 급급
했다. 결코 진실은 감추어지지 않았다. 증거가 계속 드러나고 국제 문
제로 비화하자 미우라 공사는 꼬리를 내렸다.

"범인은 일본 낭인이다."

일본 정부와는 아무 상관없는 조폭 수준의 사무라이들이라는 것이
다. 그들이 조선 왕비의 배신에 분노하여 벌인 우발적인 사건이라는
것이다. 하지만 일본 육군 소위 미야모토 다케다로가 만행을 총 지휘
했다는 사실이 밝혀졌다.

"법에 따라 조치하겠다."

일본은 관련자 47명을 히로시마 법원에 넘겼다. 허나 일본 법원은
'증거불충분'이란 이유로 전원 석방했다.

1894년 흥선대원군이 일본 세력을 등에 업고 갑오개혁을 주도하
자, 민비는 러시아에 접근하여 일본 세력을 몰아내려고 했다. 첩보를
입수한 일본 정부는 일본 공사 미우라 고로에게 지시하여 명성황후를
살해할 계획을 세웠다. 이른바 '여우사냥'이다.

미우라 공사는 한성신보 사장 아다치 겐조를 공관으로 불러 왕비
를 없애버리라고 지시했다. 아다치는 자신이 고용하고 있는 낭인들
을 흥선대원군 호위병으로 위장근무하게 하는 한편 일본군 수비대의
병력을 공격조로 편성했다. 첩보를 입수한 명성황후는 일본 훈련대의
해산과 무장해제를 통고했다. 상황이 급변하자 당황한 일본은 명성황
후의 시해 계획을 앞당겨 결행했다.

명성황후 시해에 적극 가담했던 조선군 훈련대 제2대대장은 우범
선이다. 그는 사건 직후 비호세력의 도움으로 일본으로 건너가 일본
여자 사카이와 결혼하고 도쿄에 신방을 차렸다. 그리고 아들을 낳았

다. 그가 씨 없는 수박을 발명했다고 초등학교 교과서에도 실렸던 우장춘이다. 이러한 우범선의 매국에 분노한 사람이 있었다. 고영근이다. 그는 히로시마에 숨어살고 있던 우범선을 추적하여 살해했다.

현지에서 체포돼 살인 혐의로 사형선고를 받은 고영근은 1909년 조국으로 송환되어 사면되었다. 그는 1919년 고종이 세상을 떠나 홍릉에 묻히자 스스로 능지기가 되어 생이 다하는 날까지 임금과 황후릉을 지켰다.

가치상실 시대를 농단했던
매국노

애국愛國과 매국賣國, 간신奸臣과 충신忠臣이 혼재된 가치관의 상실 시대에 3관왕을 차지한 인물이 있다. 을사오적乙巳五賊, 정미칠적丁未七賊, 경술국적庚戌國賊의 영예를 안은 이완용이다.

1858년 경기도 광주부 낙생면 백현리에서 태어났다. 낙생면은 오늘날 분당이다. 이완용은 10살 때 집안의 아저씨뻘 되는 중추부판사 이호준에게 입양됐다. 그는 이조참의, 승정원 동부승지, 한성부판윤을 역임한 당대의 실력자였으며 흥선대원군의 친구였다.

가난한 집 출신이라는 콤플렉스 때문에 의기소침하고 위축된 성장기를 보낸 이완용은 13세가 되던 1870년 홍문관 부수찬 조병익의 딸과 혼인했다. 25세 때, 증광문과 별시에 전체 28명 중 18위로 급제한 후, 주서注書가 됐다.

국제 정세를 알기 위해서는 '영어를 알아야 한다.'라고 판단한 그는 조선 최초의 근대적 재교육 기관이었던 육영공원育英公院에 입학해 영어를 공부했다. 주미공사관 개설과 주미 대리공사로 미국에 두 차례 근무한 그는 조선국 유일의 미국통通으로 자리매김했다.

이즈음 세계 질서는 약육강식의 시대였다. 강자가 약자를 포식하고 강자와 강자끼리 먹이를 놓고 으르렁거리는 야만의 시대였다. 청일전쟁과 러일전쟁에서 승리한 일본은 극동지역 강자로 부상했고, 스페인과 겨뤄 존재감을 과시한 미국은 필리핀과 괌에 눈독을 들이고 있었다. 양국의 국가이익을 담보로 한 접점이 가쓰라-태프트 밀약이다. 미국은 일본의 조선 침탈을 인정하고 일본은 미국의 필리핀 지배를 용인한다는 것이다.

1912년 미국은 이 조약을 기념해 수도 워싱턴에 일본 거리를 조성했다. 링컨기념관에서 워싱턴 기념탑에 이르는 포토맥공원에 일본이 선물한다는 형식을 취해 벗나무 3200그루를 심어 가쓰라-태프트 밀약을 기렸다.

개코를 가진 미국통,
미국을 버리다

"일본은 조선 문제로 두 번이나 전쟁을 치렀다. 청나라는 물론 러시아까지 물리쳤으니 무엇인들 못하겠는가. 그러함에도 불구하고 일본은 매우 이성적으로 나오고 타협적으로 일을 처리하고 있으니 우리가 일본의 요구에 응하는 것이 마땅하다고 생각한다."

국제 정세의 흐름을 재빨리 간파한 이완용은 일본에 붙었다. 친미주의자가 친일파로 돌아선 것이다. 미국에서 쌓아올린 외교적 자산도 송두리째 버렸다. 미국은 자국의 국가 이익을 위해서라면 냉혹하다는 것을 알았기 때문이다. 당시 미국 대통령 루즈벨트는 이렇게 말했다.

"나는 일본이 조선을 차지하는 것을 보고 싶다. 일본은 남하하는 러시아에 대한 견제 역할을 담당할 것이고 일본은 지금까지의 행위로 보아 조선을 차지할 자격이 있다."

이완용에게 자신의 능력을 과시할 기회가 왔다. 제2차 한일협약 체결이다. 1895년 11월 17일, 덕수궁 중명전에서 조인식이 열렸다. 고종은 건강을 이유로 불참했고 대신들이 참석했다. 일본 대표 이토 히로부미가 조선에 주둔한 일본군사령관 하세가와(長谷川好道)를 대동하고 헌병의 호위를 받으며 모습을 드러냈다

장내는 군화소리와 일본도 쩔렁거리는 소리로 요란했다. 조선측 대신들이 머뭇거리자 학부대신 이완용이 앞장서 서명했다. 뒤를 이어 외부대신 박제순, 내부대신 이지용, 군부대신 이근택, 농상부대신 권중현이 서명했다. 우리는 이들을 을사오적乙巳五賊이라 부른다.

우리의 외교권이 일본에 넘어가는 이 조약에 대해 황성신문 주필 장지연은 '시일야방성대곡是日也放聲大哭'이라 목 놓아 탄식하며 "돼지와 개만도 못한 자들이 자신의 영달과 이익을 바라고 나라를 팔아먹는 도적이 되기를 마다하지 않았다."며 맹렬하게 비난했다.

외교권을 빼앗긴 고종은 의정부 참찬 이상설을 정사正使로 하고 이준, 이위종을 부사副使로 한 밀사를 네덜란드 헤이그에 밀파했으나 역부족이었다. 밀사 파견을 빌미로 고종을 퇴위시킨 일본은 순종을 즉위시켰다. 500여 년을 이어온 조선 왕국이 바람 앞에 등불이 되었다.

한반도,
일본 수중에 들어가다

1910년 8월 22일. 만일의 사태에 대비하여 청진과 함흥, 대구에
주둔하고 있던 일본군을 서울로 이동시키고 용산에 주둔한 제2사단
에 비상경계령을 하달한 데라우치 통감이 창덕궁 흥복헌에 나타나 총
리대신 이완용에게 한일병합 조약문을 제시했다.

을사늑약으로 물러설 곳이 없는 이완용은 국새를 가져오게 했다.
어전회의가 열리고 있는 곳으로 옥새를 운반하던 상서원 주서를 발견
한 황후가 옥새를 빼앗아 치마속에 감추었다.

"아니 되옵니다, 마마."

어느 틈에 나타났는지 윤덕영이 주억거렸다.

"대감은 사적으로 백부이오나 공적으로는 이 나라의 신하입니다.
나라가 없어지면 직책이 무슨 소용이 있겠습니까."

황후의 목소리는 잔잔했으나 칼칼했다. 윤원경은 순정효황후의 숙
부다.

"황후마마께서 이러지 않으셔도 이 나라는 망하게 돼 있습니다."

"비틀거리는 나라를 일으켜 세우는 게 국록을 먹는 사람들의 도리
이지 않습니까. 기우는 나라의 등 뒤에 칼을 꽂게 되면 역사의 죄인이
되고 문중에서 문외 출송될 것입니다."

"소신이 한 행동은 소신이 책임지겠습니다."

옥새를 빼앗긴 황후는 통곡했다. 결국 황후의 치마폭을 벗어난 옥
새가 한일병합 조약문에 찍혔다.

한일병합 조약
전문

한국 황제 폐하와 일본국 황제 폐하는 두 나라 사이의 특별히 친밀한 관계를 고려하여 상호 행복을 증진시키며 동양의 평화를 영구히 확보하자고 하며 이 목적을 달성하고자 하면 한국을 일본국에 병합하는 것이 낫다는 것을 확신하고 이에 두 나라 사이에 합병조약을 체결하기로 결정하였다.

이를 위하여 한국 황제 폐하는 내각 총리대신 이완용을, 일본 황제 폐하는 통감 데라우치 마사다케를 각각 그 전권위원으로 임명하는 동시에 위의 전권위원들이 공동으로 협의하여 아래에 적은 모든 조항들을 협정하게 한다.

1. 한국 황제 폐하는 한국 전체에 관한 일체 통치권을 완전히 또 영구히 일본 황제 폐하에게 양여한다.
2. 일본국 황제 폐하는 앞 조항에 기재된 양여를 수락하고, 완전히 한국을 일본제국에 병합하는 것을 승낙한다.
3. 일본국 황제 폐하는 한국 황제 폐하, 태황제 폐하, 황태자 전하와 그들의 황후, 황비 및 후손들로 하여금 각기 지위를 응하여 적당한 존칭, 위신과 명예를 누리게 하는 동시에 이것을 유지하는 데 충분한 세비를 공급함을 약속한다.
4. 일본국 황제 폐하는 앞 조항 이외에 한국 황족 및 후손에 대해 상당한 명예와 대우를 누리게 하고, 또 이를 유지하기에 필요한 자금을 공여함을 약속한다.

5. 일본국 황제 폐하는 공로가 있는 한국인으로서 특별히 표창하는 것이 적당하다고 인정되는 경우에 대하여 영예 작위를 주는 동시에 금과 은을 주기로 한다.

6. 일본국 정부는 앞에 기록된 병합의 결과로 완전히 한국의 시정을 위임하여 해당 지역에 시행할 법규를 준수하는 한국인의 신체 및 재산에 대하여 전적인 보호를 제공하고 또 그 복리의 증진을 도모한다.

7. 일본국 정부는 성의 충실히 새 제도를 존중하는 한국인으로 적당한 자금이 있는 자를 사정이 허락하는 범위에서 한국에 있는 제국 관리에 등용한다.

본 조약은 한국 황제 폐하와 일본 황제 폐하의 재가를 받은 것이므로 공포일로부터 이를 시행한다.

위 증거로 삼아 양 전권위원은 본 조약에 기명 조인한다.

융희 4년 8월 22일 내각 총리대신 이완용

메이지 43년 8월 22일 통감 자작 데라우치 마사타케

한일병합조약에 찬성한 조선측 대신은 이완용 외에 윤덕영, 민병석, 고영희, 박제순, 조중응, 이병무, 조민희가 있다. 여기에 등장하는 민병석은 박정희 군부 치하에서 요직을 거친 민복기의 아버지다.

대법원장 민복기는 중앙정보부가 고문으로 조작한 인혁당 사건 피의자들에게 사형을 선고했다. 그들은 형 확정 18시간만에 사형이 집행되었다. 국제법학자협회는 이 사건을 '사법살인'이라 규정했으며 이 날을 사법사상 '암흑의 날'로 선포했다. 또한 대한민국의 중심 광장 광화문 네거리에 있는 비각碑閣에는 매국노 민병석의 글씨가 버젓이

남아 있다. 청산하지 못한 슬픈 역사다.

한일병합 소식이 알려지자 이완용의 집은 분노한 백성들에 의해 불질러졌고 조상의 신주까지 불태워졌다. 신변의 위협을 느낀 그는 일본인 거주지 왜성대구락부와 장교동, 저동, 인사동 등 친일 비호세력 근거지를 전전했다. 명동성당에서 이재명 의사에게 살해당할 위기를 넘긴 그는 온갖 부귀를 누리다 1926년 69세를 일기로 사망했다.

하얼빈에서 이토 히로부미를 사살한 안중근 의사를 비롯한 수많은 독립운동 후예들은 제대로 교육도 받지 못하고 헐벗고 굶주린 삶을 산 반면, 역적과 매국노의 후예들은 좋은 교육을 받고 잘 먹고 잘 살았으며 지금도 많은 부를 누리며 살고 있다.

학도병으로 끌려가 목숨을 걸고 탈출해 독립군에 가담한 장준하가 있는가 하면 스스로 창씨개명을 하고 제발로 일본 군대에 찾아가 천황에게 분골쇄신 충성하겠다는 혈서를 쓰고 일본군이 된 다카키 마사오가 있으며, 일본군 장교가 되어 독립군을 토벌한 백선엽이 있다.

캐나다로 이민을 간 이완용 장손과 송병준 후손은 그들의 조상들이 일제로부터 하사받은 조상 땅 찾기에 나서 후안무치의 극치를 보여주고 있다. 뒤틀린 역사를 바로 잡지 않는 한, 잘못된 역사는 반복될 수 있다.

참고문헌

조선왕조실록(朝鮮王朝實錄)

승정원일기(承政院日記)

비변사등록(備邊司謄錄)

연려실기술(燃藜室記述)

경국대전(經國大典)

대전회통(大典會通)

매천야록(梅泉野錄)